男孩可以这样教

小马车丛书编委会 编

中国地图出版社

北 京

图书在版编目（CIP）数据

男孩可以这样教 / 小马车丛书编委会编 . —— 北京：
中国地图出版社，2021.7
ISBN 978-7-5204-2227-7

Ⅰ．①男… Ⅱ．①小… Ⅲ．①家庭教育 Ⅳ．① G78

中国版本图书馆 CIP 数据核字 (2021) 第 036264 号

NANHAI KEYI ZHEYANG JIAO

男孩可以这样教

出版发行	中国地图出版社	邮政编码	100054
社　　址	北京市西城区白纸坊西街 3 号	网　　址	www.sinomaps.com
电　　话	010-83495213　83543969	经　　销	新华书店
印　　刷	保定市铭泰达印刷有限公司	印　　张	13
成品规格	170 mm × 240 mm		
版　　次	2021 年 7 月第 1 版	印　　次	2021 年 7 月河北第 1 次印刷
定　　价	28.00 元		
书　　号	ISBN 978-7-5204-2227-7		

如有印装质量问题，请与我社联系调换

前　言

俗话说，"穷养儿，富养女"。笔者认为穷养儿子是让他多经历生活的磨砺，磨炼意志，以后担起对社会和家庭的责任。富养女儿是让女儿在充满爱与教育的环境下成长，见惯世面，抵御诱惑。穷和富，指的是家长对孩子的教育。

每个男孩的家长都希望自己的孩子将来能成为顶天立地的男子汉。但也正因有这样的期待，家长在教育男孩的过程中常会在思想上出现两极分化的情况。

有一部分家长从小就把自家男孩捧在手心里精心呵护，容不得孩子受一点儿委屈和挫折。在孩子的成长过程中，家长想尽一切办法为孩子铺平道路。遇到困难，不是让孩子尝试自己克服，而是直接帮他解决。这就造成了孩子经受不起任何挫折和打击，也不能听取别人对自己的批评和建议，更不允许别人对自己有半点儿的"忤逆"。父母在孩子成年前帮他"清理"好一切问题，步入社会后，这样的孩子也容易被社会狠狠教育。到那时，孩子是否能够承受，父母又是否会后悔呢？

而另一部分家长则认为男孩不能惯，需要从小就打，所谓"棍棒底下出孝子""不打不成才"。这部分家长也许不曾想过挫折教育的度在哪里，孩子每天生活在棍棒的阴影下，没有来自父母的关爱和赞许，能够健康成长吗？这样的棍棒教育不仅不会"打出一个孝子"，还会让孩子的自尊心受挫，从而变得自卑，做事愈加胆小谨慎，不敢直面挑战。孩子对父母也容易生出仇恨的逆反心理。

从上述两种极端的教育方式中我们可以看出，男孩的教育并非那么简单。既不能一味地纵容，也不能一味地打骂。教育男孩最好的方式是给予孩子足够的尊重以及平等沟通的权利。男孩在成长的过程中，往往希望家长不再把他们当小孩儿看待，而是想像对待大人一样，被视为家中的顶梁柱。所以，教育男孩的过程中，需要给他们尊重，给他们自由，给他们说话和做事的权利。在家中，无论发生什么事，需要家庭成员一起讨论的时候，尽量不要把孩子当作附庸，尝试把他们当成重要的一员，鼓励他们参与到讨论当中，去听取他们的意见。养育男孩，需要家长教他们直面挫折、承担责任、敢于担当，让他们知道自己是家里除爸爸外的另一个勇敢的男子汉，需要承担家里的事务，甚至需要帮助爸爸保护其他家庭成员。

本书共十章，从十个角度，多方位展现在教育男孩的问题上家长切实可行的应对之法。此外，本书还将以深入浅出的方式，以理论加案例的形式，为家长循序渐进地讲解各种场景下教育男孩的具体措施。相信家长在看完本书后，对如何教育男孩会有更加全面的认知，在培养男孩时能得到助益。而男孩也会在家庭的正确教育下茁壮成长，逐渐成为真正有责任心、有担当的男子汉。

目　录

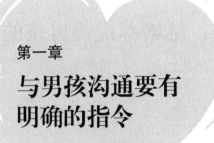

第一章

与男孩沟通要有明确的指令

尊重和理解，是培养优秀男孩的秘诀

很多父母苦恼于家中的男孩不愿与自己交流，有话宁愿跟同学说，也不跟自己说。每天放学回家，孩子喜欢把自己关在房间里，父母问一句才回答一句，有时甚至对父母的问话不予理睬。出现这种现象，一方面是由男孩的成长特点决定的，尤其到青春期时更为严重，另一方面也与父母对孩子缺少应有的尊重和理解有关。

有一个初三男孩，学习成绩不好，但他很喜欢动漫。一天，他鼓起勇气对妈妈说出了想学动漫的想法，结果妈妈对他的想法嗤之以鼻："哼，就你还能学动漫？连语数英都学不好，我看你还是先把学习成绩搞上去吧！"这番话就像一盆冷水浇在男孩头上，男孩既气愤又难受，从那以后再也不跟妈妈讲自己的想法了，对学习也更加没兴趣了。

青春期男孩为什么喜欢与父母对抗呢？一方面，男孩进入青春期后，伴随着生理发育和独立意识的增强，会下意识觉得自己是大人了。在这种情况下，父母的权威性就会慢慢下降，父母观点的影响力也在下降，因而不易被孩子认同。另一方面，男孩的思维方式在成长中发生转变，质疑精神和争论态度会越来越清晰地显现出来。

随着网络时代的到来，孩子收集信息、了解知识更加便捷。而由于缺乏深思熟虑和深刻的人生体验，他们对事物的看法会有一些片面，所以在与父母的对话中常表现得针锋相对，一旦他们的观点被父母否定，就会出现更加强硬的对抗的情况。

针对这种情况，父母有必要认识到尊重孩子的重要性。要想和孩子顺利沟通，父母就必须尊重孩子，这是平等交流的前提条件。教育是从尊重开始的，亲子沟通也是从尊重开始的。父母只有尊重孩子才有可能走进孩子的心灵，实现愉快的亲子沟通。

那么，父母如何走入孩子的心灵呢？最为关键的就是学会"蹲下来"与他们说话，即以孩子的视角与他们沟通。这样孩子才会觉得自己是被父母尊重的，他们才能感受到相互之间是平等的关系。

学会"蹲下来"，站在孩子的角度看问题，不仅可以增进对孩子想法和做法的了解，也可以生发更多的包容和肯定。当孩子感受到了家长的认可，他的内心会体验到愉快，获得满足感，从而更加健康快乐地成长。

男孩特特放学回家后，向妈妈抱怨："今天老师当着全班同学的面批评我，弄得我下不来台。"妈妈立即质问道："你是做了什么错事惹老师生气了吗？"特特说："我什么都没干，是老师借题发挥。"妈妈用不信任的口吻说："你就会找借口！"特特不开心地瞪了妈妈一眼。妈妈继续追问："那你是怎么想的，又打算做些什么呢？"特特噘着嘴提高音量说了句："什么也不想，什么也不做！"妈妈意识到两人这样针锋相对地交谈下去，解决不了问题，还容易引发矛盾，于是决定放下家长的架子，以同学或是朋友的身份与特特交谈。

　　特特妈妈换以温和友好的语气说："老师当着全班同学的面批评你，我想你当时一定感到很委屈，又很没面子，是吧？"特特的态度发生了转变，他抬头看了妈妈一眼，眼中的怒气已经平息了不少。接着妈妈又说道："其实，妈妈小时候也遭遇过类似的事情。记得上小学四年级的时候，我参加期末考试，结果进了考场才发现忘记带铅笔了。我很害怕，赶快起身向旁边的同学借。谁知老师以为我要作弊，当场就对我进行了批评。当时，考场上那么多同学都看着我，或许他们也认为我是个想要作弊的坏孩子，弄得我既尴尬又气愤，一点儿都没有心情去答题了。"特特听得很认真，好像都忘记了自己的不快，他对妈妈说："其实我也是想跟同学借块橡皮用，总不能在本子上乱涂乱改啊。可是老师偏偏认为我是错的，还批评我，这真是不公平！"妈妈附和道："这确实不公平，那么为了避免再次被老师误解，我们是不是应该想想别的办法？"特特和妈妈交谈得很愉快，他开心地说："对，办法其实很简单啊，我多准备一块橡皮不就好了？"妈妈摸摸特特的头，笑着说道："你真是个小机灵鬼。"

　　每一个孩子都有自己的世界，每一个孩子都是独立的个体，家长不能小觑。所以，家长应常抱有尊重之心与孩子交流心得及生活体验。作为家长，要承认孩子在一天天长大，他们有自己的世界观和想法。家长如果有足够的细心和观察力，一定会发现孩子在不知不觉中思考着许多我们认为他们毫不知情的事情。当然，因年龄和人生阅历的关系，孩子的所知也许只是一些表面的、肤浅的东西，但这依旧能够说明孩子已经开始独立思考了，不管思考的结果如何，都完成了动脑筋思考的过程，我们得肯定孩子自主思考这一点。如果家长能够走进孩子的心灵世界，明白孩子的所思所想，便可适时地对孩子的内心问题加以正确疏导，引导他们少走弯路。在孩子增长文化知识的同时，帮助他们学会做人做事，这也是家长教育职责的一方面。

育儿感悟

　　以前我们总是以大人对孩子的方式与你交谈，让你感到距离感，同时也封闭了你向我们敞开心灵的道路，这点我们需要认真反思。我们应该把你当作大人来对待和尊重，学会与你平等地交流沟通，让你把我们当成朋友。唯有这样，才能让我们真正建立起友谊，建立起沟通的桥梁。

少用命令式，男孩子都希望获得尊重

语言是人与人沟通的重要桥梁，与其说语言的内容决定了沟通的成效，不如说语气的应用影响了内容的表达。而家长和孩子之间的沟通也与语言这一媒介密不可分。亲子之间是否不需注意语气问题？当然不是。每个孩子都有自尊心，他们希望获得他人的尊重。在听到妈妈指责、训斥、命令的言语和语气时，孩子会感到难受和不安，内心也会产生一定的逆反情绪。比如，妈妈想要孩子把地上乱丢的玩具收拾整理一下，是说"飞飞，你怎么回事？把地上弄这么乱！赶快收拾干净！"还是说"飞飞，你的玩具在到处流浪呢，你可不可以把它们送回家呀？"妈妈的目的是希望孩子把玩具收拾好，但是，前者是命令、指责的语气，后者是商量、问询的语气，相信任何一个孩子都更愿意接受妈妈的第二种说话方式。

如果家长要的只是孩子行动的结果，那么，用商量的语气对孩子说话也更容易让孩子行动起来，孩子也不易对家长心存埋怨。如果家长认定自己的孩子是"吃硬不吃软"的人，不妨试试用软一点儿的语言方式与孩子交流，也许结果会出乎意料。

所以，当有话急于对孩子说的时候，不妨先等一两秒钟，深吸一口气，待慢慢地呼出来之后再开口。这个过程可以做好用商量的语气说话的准备。

聪明的家长在与孩子沟通时，都会选用商量的语气。而且在平时与他人沟通时，也多用商量的语气。一个人的说话语气是长久以来养成的习惯，面对越亲密的人，语气越是随意。很少有妈妈对自己的父母、丈夫、朋友使用命令的口吻说话，却唯独对孩子用命令的语气。因为，用什么样的语气一般是不经思考的，是自然而然的流露。

因此，如果家长想学着用商量的语气对孩子讲话，那就在对所有人说话的时候都注意调整语气。如果语气习惯不改变，仅仅从思想上准备对孩子说商量的话，大概会无所适从，不知从何开口。

家长在与孩子用商量的语气说话时，可以多用"可以吗""怎么样"这样的词语。养成这样的习惯后，家长与孩子聊天便会自然形成"万事商量着来"的轻松状态。

洗完澡的杨洋忘记把脏衣服放到洗衣机里了。妈妈发现后，喊他过来："杨洋，请你过来下。"杨洋边往卫生间走，边说："我肯定又犯什么错了。"

妈妈说："是犯了个小错，你下次洗完澡记得把脏衣服放进洗衣机，怎么样？"

"可以！"杨洋回答道。

第二天，同样的场景又发生了。妈妈再次喊："杨洋，请你过来一下！"这次，杨洋赶忙跑进卫生间："妈妈，对不起啊，我又忘记了。下次一定不犯了！"

杨洋的妈妈不但用了"怎么样"，还用了"请"，这样温和而礼貌的词汇是很难遭到孩子的拒绝的，孩子通常会自行选择乖乖听话。

所以，当家长准备说一句命令式的陈述句时，完全可以换成疑问句，句子中加上"能不能""可不可以""好不好"等词，孩子多半便只能回答"好的"这种话语了。

家长在与孩子沟通时，除了多用商量的词语外，还需注意说话的语气与语调。商量的语气往往是柔和的，而不是坚硬的。如果家长不知怎么说才算得上柔和，则可以试着将语速放慢、声音放低，效果定会大有不同。同样一句话，如"你可不可以把手洗干净？"如果家长说话的语速很快、声音很大，那听起来是在命令孩子，如果语速慢下来、语调柔和下来，就属于商量的口气了。

有的家长可能会说：我这人天生心直口快，温柔的话说不来。那就只能先让心柔软下来，语言才能跟着柔软。

家长与孩子商量时，有一个最重要的关键是要允许孩子有其他的意见。如果商量只是为了得到孩子的认同，孩子一有反对意见就立刻驳回，那便也称不上是商量了。

每周六，妈妈都会带儿子去附近的公园走走。但是，这周六妈妈加班，决定把儿子送去奶奶家。当妈妈去跟儿子商量的时候，儿子表示自己可以独自在家玩，妈妈不同意，儿子仍表示不想去奶奶家。

最后，妈妈干脆说："没你选择的余地，明天必须去奶奶家。"儿子噘着小嘴走开了。

妈妈用商量的语气和孩子谈事情，就要做好孩子有别的打算的心理准备。既然是商量，结果就有成功也有失败，不能抱着成功的希望开口，待孩子未能与自己达成一致时，就心生愤怒，又改用命令的语气要求孩子。

因此，如果家长没打算接受孩子的其他意见，就不要用商量的口气，而是用温和的语言把你的计划告诉他，避免两个人像拔河一样拔来拔去，最后双方都感到不愉快。

育儿感悟

我们在与你沟通时，尽量不用命令的语气，而是用商量的语气说话。你在平时也有所感觉吧？这样的方式是否可以让你倍感亲切？与你商量时，我们一直牢记一个关键点，就是允许你有其他的意见。我们这样做，也看到了效果，即你现在性格活泼且有主见。今后我们会继续用这样的方式与你沟通，也希望你能一直如此活泼、自信、快乐地成长。

青春期的男孩大多叛逆，喜欢与人争辩

生活中，有些青春期男孩做错了事后，面对父母的指正和批评，他们不是立刻虚心承认错误，而是据理力争。父母说他们一句，他们就顶上十句。父母若仔细听听孩子的解释，似乎还有那么几分道理，有些观点甚至让父母无力反驳，而这时，父母往往会非常愤怒。

胡女士说，她儿子 11 岁了，上小学六年级，每次她和丈夫针对儿子的不良行为教育他时，他总会用"但是……但是……"来表达想法。这说明儿子不一定做得有错，只是有自己的想法。胡女士知道，儿子是在找借口辩解，但一时半会儿又找不到合适的理由反驳他。有时候，儿子的话甚至能噎得她喘不上气来，让她感到非常恼火。

比如，胡女士见儿子在公共场所随地扔垃圾，就提醒他这是不文明的行为。可是儿子却说："我可不那样认为。你看啊，如果公共场所没有人乱丢垃圾，那就不需要清洁工了。这样一来，清洁工岂不是要失业了？"

你看看，这都是些什么歪理啊！胡女士经常被儿子气得不知道该说些什么。

很多父母不理解，为什么以前乖巧听话的孩子，进入青春期后如同变了一个人，什么事都喜欢跟父母作对。父母说东，他们偏说西；父母说对，他们偏说错。这到底是为什么呢？其实，叛逆不是青春期男孩的错，而是这个年龄段的孩子具有的特点。具体来说，原因有这样几点。

1.进入青春期后，男孩体内雄性激素分泌旺盛

10 至 18 岁，男孩体内的雄性激素会迅速增加。体内的激素过剩而得不到合理宣泄，男孩就会变得情绪不稳定，进而产生一些叛逆行为。从这一点上来说，青春期男孩的叛逆是不可避免的。

2.进入青春期后，男孩的生理与心理发展失衡

进入青春期后，男孩的内心冲突较为明显。这是因为他们身体上和成人无异，开始渴望独立、渴望自由支配生活和学习。他们渴望父母像对待大人一样对待自己，不喜欢被父母操纵，不愿意听命于父母。但由于生活经历有限，社会阅历尚浅，他们又必须依赖父母。这种矛盾使他们内心深处频频出现冲突，这很容易引发他们一系列的叛逆行为。事实上，孩子的叛逆行为只是在宣布：我已经长大，我不再是小孩儿了，请不要再像对待小孩儿一样对待我。

3.父母错误的教育方式加剧青春期男孩叛逆

中国父母教育不听话的儿子时，通常采取的方式是"父亲打骂""母亲唠叨"。这种教育方式必然会引起青春期男孩的反感，因为他们有强烈的自尊心，渴望得到平等的对待。而父母错误的教育方式，恰恰会激活男孩体内的叛逆因子，加剧他们的叛逆心理。

在了解青春期男孩叛逆的原因后，父母该采用什么方式来应对、缓解男孩的叛逆心理呢？以下几点值得借鉴。

1.耐心倾听，不要急于否定孩子

面对孩子的辩解，父母应耐心地倾听，不要急于否定。因为孩子每一种

观点背后都是有原因的。例如，男孩放学回家，因为一点儿小事和你发脾气，这时你不要急于否定他、指责他，先试着询问原因，了解孩子不良情绪背后的原因。也许孩子是在学校被老师批评了，也许是和同学发生了不快。作为父母，只有学会耐心倾听孩子的声音，让孩子有机会表达，他的不良情绪才能得到宣泄。特别要提醒的是，当孩子表达观点时，无论他的观点是否有道理，父母都应耐心地听孩子说完，切勿在孩子说的时候打断他、否定他、反驳他、批评他。这样才能让孩子感受到平等和尊重，孩子才愿意将心理活动坦诚相告。

2. 学会欣赏，适当认可孩子的想法

当孩子顶嘴、争辩，甚至冒出歪理时，父母无须心生怒火。要知道，这种行为一方面说明孩子思维敏捷、口齿伶俐，另一方面还说明孩子不盲从家长的观点，敢于质疑，敢于发表不同的看法，而这是需要勇气的。因此，家长明智的做法是学会欣赏孩子，认可孩子观点中合理的地方。

例如，"你的逻辑分析能力真强，居然能从丢垃圾这一行为联想到清洁工下岗，真佩服你的思考力！"这并不意味着父母在与孩子的观点交锋中输了，更不是丢面子的事情。父母认可孩子是为了缓和气氛，赢得孩子的好感，然后指出孩子观点中不合理的地方，孩子便更容易接受。

育儿感悟

很多父母觉得孩子与自己争辩，就是叛逆、不听话。我们不会这样认为，我们希望你能提出自己的观点、表达自己的观点。唯有你把心中的话说出来，我们才能够更进一步地沟通，好好聊一聊问题出在哪里，以及我们该如何去改变和解决这个问题。

家长也会犯错，有错误要勇于向孩子道歉

很多家长认为向孩子道歉是一件没有面子的事情。其实这种观念是错误的，家长向孩子道歉，有助于增进教育的成效。

从来不和孩子坦诚自己缺点和过失的家长会给孩子造成这种印象：爸爸妈妈总是出错，但他们总是认为自己是对的。长此以往，孩子就不会听从家长的教诲了。如果家长对孩子犯了错，能及时认真地向孩子道歉，无形中教会了孩子承认错误是责任的一部分，进而帮助他树立正确的是非观。

举例来说，一些孩子在"犯错"后，由于家长难以克制情感上的冲动，对孩子进行了较为严厉的惩罚，而事后家长发现原来错不在孩子，而是因为自己没弄明白就给孩子下了结论。如果家长能在这时向孩子承认自己的错误并道歉，就很容易通过自身行为引导孩子也勇于承认自己的错误。

某位妈妈在回忆中苦恼地说道："某次下班回家后，我发现我们家的鱼缸坏了。因为儿子淘气的缘故，我断定鱼缸的损坏和他有关，于是狠狠批评了他。但儿子没有承认是自己所为，反而觉得自己很委屈。我顺手就打了儿子，认为他在狡辩。晚上，孩子的爸爸回来后说是他不小心把鱼缸打坏的，

不是儿子。我这才意识到自己错怪孩子了。但因为虚荣心，我并没向对儿子道歉。我说：'虽然这次打坏鱼缸的不是你，但你平时太淘气了，你以后还是要注意一点儿。'没想到此后很长的一段时间内，儿子都没有和我说过话。我这才意识到是因为我没和他道歉，同时还伤害了他的自尊心，因为我放不下作为妈妈的面子，所以也不知道该怎么处理这件事情。"

其实，生活中这样的例子很多。妈妈错怪孩子，或者做错事情是常常发生的，即使名人也不例外。

有一次，正处于心烦情绪中的闻一多动手打了还不懂事的小女儿，这一幕正好被儿子撞见了。儿子严肃地批评闻一多说："你打人不对。你天天宣扬民主精神，竟然在家里犯这样的错误！"闻一多听完之后还有点儿火气，但是冷静了一下之后，十分认真地对儿子说："我向你们道歉，我不该动手打你妹妹。我小时候，你们爷爷奶奶就是用这样的教育方法对我的，现在又换成了我，我错了。所以，请你们引以为戒，等你们有孩子的时候，千万不要用这样的方式教育你们的子女。"

这样的道歉，无疑重塑了父亲在孩子们心中高大的形象。每个人都有做错事的时候，关键在于如何面对自己的错误。如果只是因为"面子"心理作祟，让孩子蒙受"不白之冤"的话，这不仅会伤害孩子的自尊心，也会影响孩子的是非观，对孩子的身心成长是极为不利的。

所以，家长做错事情的时候，认真地向孩子道歉并不是什么没有面子的事情。大人并不一定永远正确，应该实事求是，对孩子坦承自己的过失，这样无形中可以起到尊重孩子和教育孩子的作用，而且家长在孩子心中的形象也能更正向，彼此之间的感情还能更融洽。

因此，如果家长错怪了孩子，一定要对孩子坦承自己的过失，让孩子体会到诚挚的歉意，从而帮助他树立正确的是非观。

当然，家长给孩子道歉，要讲究技巧。

1. 态度诚恳，否则容易让孩子认为缺乏诚意

举例来说，现实生活中有很多家长确实扮演着"统治者"的角色。错怪了孩子不但没有向孩子道歉，反倒是借题发挥，从孩子身上找原因，这样会让孩子觉得家长是在变相批评自己。

另外，家长还要注意对孩子道歉时的态度。千万不要边发脾气边道歉，家长要先做到心平气和、口吻真挚，孩子才能接受道歉。

2. 不要乱道歉

例如，家长不要因为想要孩子高兴而否定自身原则，否则家长在孩子心中的分量会变轻，孩子容易认为父母是"软柿子"。所以，道歉一定要有针对性，如果真是家长错了，就诚恳地向孩子道歉，让孩子感受到你对他的尊重。

育儿感悟

以前我们要面子，总觉得哪怕自己对你做错了，也无需对你道歉，因为你是孩子。现在我们发现这样是不对的，错了就是错了，无论是大人还是孩子，都要学会道歉。唯有这样，才能体现出一个人的担当。

非语言交流，通过肢体让男孩感受到被重视

英国的教育家斯宾塞说过，事实证明，如果对自己的孩子多一些拥抱、抚摩，有时甚至是亲昵地拍打几下，孩子在对外交往以及智力、情感上都会更健康。

孩子会从家长日常的言行中感受到是否被爱，感受到是否被重视。在孩子受伤的时候、疲惫的时候、不自信的时候、需要被赞美的时候，家长一个温暖的眼神、一个轻轻的拥抱或许就是对他最好的鼓励和安抚。

男孩天生有着敏锐的感受力，但往往不太善于用语言来表达自己的情感，非语言沟通是一种更容易被男孩接受的沟通方式。父母如何与男孩进行非语言沟通呢？

1. 让男孩感觉到你对他关切的眼神

眼神是极为常见的一种非语言行为。鼓励、赞许的眼神会给孩子以自信和激励；责备、轻视的眼神则会使孩子感到自卑和伤害。家长应给予孩子信任与期待的目光，让孩子感受到家长对他的期望，相信他可以做得更好。

有个叫张强的小学生在作文中写道：

星期天，在家玩时我不小心打碎了花瓶。妈妈很认真地看着我说："儿子，花瓶碎了，你要负责清扫一下地面。"我忐忑不安的心一下踏实下来，意识到自己太不小心了，以后再也不犯这种错误了。妈妈的眼神中没有任何责备之意，我反而更愧疚了……

时刻可以感受到妈妈及身边的人关注的目光，知道自己被期待，会激发孩子的上进心，在这种情况下，孩子会努力做得更好以证明他值得被期待。

2. 拍拍后背，让男孩勇敢、自信地登台

钢琴家郎朗，少年时每一次演出之前，他都会情绪紧张。每当轮到他演奏的时候，在上台前，妈妈都会在他的后背拍一拍，说："儿子，看你的了。"每当这时，郎朗的内心就像注入了无穷的力量和激情，让他一下子充满了自信和勇气，昂首挺胸地走上台去。他也用成绩向妈妈证明了自己就是最棒的。

生活中，孩子会经历许多事情，如考学、比赛、面试等，他很可能会紧张、不安，没有信心。作为男孩的家长，在这样的时刻，其实什么也不必说，只需走到他的身边，伸出手轻轻拍拍他的后背，让他知道你相信他，并且始终如一地支持他，便已足够。

3. 多对男孩报以微笑

孩子擅长观察家长的表情，以此来猜测家长的想法和态度。中国几千年来偏于刻板的教育方式使大多中国家长习惯了板着脸对待孩子，似乎孩子做的总是错的。这就使得孩子不愿主动与家长沟通，唯恐招来家长的责骂。

公园里有一对母子，男孩五六岁的样子，跑到一群孩子中间玩耍。这时，大家看到男孩在打另一个女孩的头，双方的妈妈都急忙奔过去，女孩的妈妈很气愤地斥责了几句，抱着自己的孩子走了。

男孩的妈妈并没有斥责他，她把男孩拉到身边坐下，笑着问："能告诉妈妈为什么打小朋友吗？"男孩显然还在生气，妈妈一直微笑地看着他，耐心地等着他的回答。他噘着小嘴，好半天才委屈地说："我不是打她，她头上有只小蜜蜂，我想帮她赶走……"

从上面的事例可以看出，不妨对孩子多报以微笑，让他知道，你乐于与他沟通，并了解他内心真实的感受，那样孩子才会对你敞开心扉。让微笑荡漾在脸上，让孩子在微笑中得到肯定，在肯定中快乐、健康地成长。

4. 给男孩一个安慰的拥抱

拥抱孩子是一种良好的亲子沟通方式，在家长的怀抱里，孩子感到温暖和安全，那是一种天然的信任。

拥抱是无声的语言，孩子可以通过身体的接触来了解家长的想法和感受，并满足自己的内心需要。家长可以通过拥抱达到有效的亲子沟通，让孩子体会到安全、依赖与信任。正如德国教育家老卡尔·威特所说，沟通是一种艺术，有关的时间、地点、环境和方式都要考虑到。比如孩子有时候希望在心理和情感上保留一些自己的空间，或者说他感情波动很大，非常需要安慰，在这些时候，家长可以拥抱、抚摸孩子，传达给他沉默而温暖的信号。

育儿感悟

以前我们从来没有重视过肢体间的交流会有如此大的威力。在中国，可能家长普遍偏于保守，缺少了与你之间的互动，觉得大人就应该有大人的样子。殊不知，这样的摆谱不仅不会产生权威感，还会拉开与你之间的距离。以后我们应该与你进行更多的肢体互动，用无声的方式给予你更多的支持和力量。

鼓励男孩表达，家长学会认真倾听

"知心姐姐"卢勤曾就孩子是否愿意和父母倾诉心事这个话题向两万多名中小学生展开过调查。结果显示，小学生首选父母为倾诉对象的比例为34%，中学生的比例为17%。也就是说，随着年龄的增长，愿意向父母倾诉心事的孩子会越来越少。且在参与调查的中小学生中，70%以上的孩子皆表示不愿把个人心事向父母倾诉。

当然，孩子不愿将自己的心事告诉父母是有原因的。这些原因不外乎和父母谈不来，没有共同语言等。尤其是男孩子，随着年龄的增长，想法就会增多，觉得自己是大人，更加不愿意接受父母的唠叨。父母惯常于将一件小事无限放大，让他们焦虑不已，或是即便双方交流了，父母也不能理解孩子的想法。于是孩子更倾向于自己的心事自己消化。

但是也有一些男孩子愿意将自己的心事与父母分享，那是因为，他们感觉父母是他们的良师益友，能理解他们的想法，并能提出中肯的意见，给予他们真心的引导。就目前的调查数据来看，能和孩子相处得好，并有共同语言的家长还是相对少的。

很多父母意识不到自己在亲子关系中出现的问题。他们发现孩子有心事但不愿与他们倾诉时，往往急于追问。没想到，越是督促孩子，孩子的逆反心理就越强，越不愿诉说。长此以往，孩子不但不愿和父母交流，亲子关系也容易恶化。

涛涛从小在奶奶家长大。奶奶对涛涛非常关心，每天他一回家奶奶就对他嘘寒问暖，一会儿问："涛涛今天中午在学校吃饱了没有？"一会儿问："今天中午吃的什么呀？好吃不好吃？"再过一会儿又问："今天老师有没有表扬你啊？老师让背的课文你都记住了没有啊？你跟同学相处得好不好？"开始的时候，涛涛还耐心回答奶奶的每一个问题，但是过了一段时间后，他就开始敷衍奶奶。每当奶奶问他学校的事情时，他就回答"还好吧、也还可以"之类的话。

一个周末，妈妈按惯例来接涛涛回家，她发现涛涛越来越不喜欢和奶奶说话，就把涛涛带到他最喜欢吃的店里，给他点了一份套餐。涛涛很高兴，一边吃一边问道："妈妈，你为什么带我来这里呢？"妈妈说："涛涛每天放学回家都先写作业，然后复习功课，很听奶奶的话，所以妈妈要奖励涛涛。"接着涛涛对妈妈诉说起对奶奶的不满："奶奶看我就像看犯人一样，每天回家都问我在学校吃得好不好，玩得好不好，和老师同学相处得好不好，然后我就要一一回答。如果我什么都说好，奶奶就很高兴；如果我说了学校有什么不好，奶奶就觉得我做了错事，然后就不停地唠叨。"妈妈对涛涛说："妈妈是你的好朋友，奶奶也希望成为你的好朋友，以后妈妈和奶奶都不会强迫你，等你想跟我们说的时候再说好不好？"涛涛听了妈妈的话心情放松了不少，开始大口吃起来。

孩子愿意和父母说心里话，是因为他们相信父母能为他们排解烦忧。但有的时候孩子说出心里话，家长却习惯用大人的眼光看待问题，把所有事情都引到学习上，告诫孩子只有学习好才是硬道理。父母以为自己苦口婆心教诲一番，应该能换来孩子的热情回报，结果却常向着相反的方向发展，导致孩子越发不愿和父母说话。

当孩子有心事的时候，父母没必要步步紧逼着急去弄清楚事情的原委。有时候给予孩子独立思考的空间，在旁边默默陪伴孩子、关心孩子就够了，这不仅是给孩子机会，同时也是给自己机会。这就如同将一把沙子握在手中，越是使劲握紧手，沙子流失得越快，如果手掌保持轻松的姿势，沙子反而会保留得多一些。因此，开明的父母不会逼迫自己的孩子说心里的秘密，只有轻松看待一切，孩子才会选择主动倾诉。

明明这些天好像不大开心，每天放学一回到家不看电视也不和爸爸妈妈交流，直接躲进自己的小屋好长时间不出来。妈妈看他有些反常，但是没有去打扰他。到晚饭时间，妈妈来到他的房间，先敲门，然后轻声问道："明明这几天是不是作业很多，怎么一回家就躲进房间不出来呢？"明明应声道："是，最近作业很多。"话语中带有不耐烦的语气。等吃完晚饭，明明又回自己房间去了。

接下来的几天，明明仍然喜欢独处，除了吃饭时间，妈妈基本看不到他。妈妈感觉明明一定遇到了什么不愉快的事情，他不愿意告诉父母，又无法自我排解。

妈妈深知，孩子也会有自己的心事，他之所以不愿意倾诉，是因为他还没有找到安全感，这时一定不能强求，要慢慢引导。后来妈妈来到明明房间，问他学习累不累，需不需要妈妈陪他坐一会儿。明明听了点了点头，接着，妈妈对明明说："尽管作业很多，但也要注意身体，一定要早点儿睡觉，把饭吃好。"此后，妈妈经常做一些明明喜欢吃的东西给他送进房间。明明感受到妈妈对自己的关心和爱护，主动邀请她到房间里坐。

妈妈坐到明明身边，明明欲言又止的样子更让妈妈确定孩子一定有什么心事。当然妈妈并不急着追问，而是给他更多的空间，让他自己决定讲出来还是埋在心里。最后明明告诉妈妈，最近跟他关系最好的同学要转到其他学校上学，以后他俩就不能在一起玩了，因此很不开心。妈妈也为明明失去一个可以日日相伴的好朋友感到难过，但她还是给予明明最真心的安慰和鼓励，帮助明明排解负面的情绪。此后，明明又变得像以前一样无忧无虑了。

在生活中，有很多父母想与孩子成为无话不谈的好朋友，却总是找不对方式。开明的父母在生活中不会专制，会让孩子独立地去思考自己的问题，并在身边默默支持、默默陪伴。父母不要急着逼迫孩子说出心里话，要有意识地给他们创造倾诉的环境。当孩子从中找到安慰与激励时，自然会倾诉自己的心事。

育儿感悟

以前的我们，总是说得多、听得少，觉得你是孩子，你的意见没那么重要，你只需要听从我们的就可以。现在，我们发现这样的方式是不对的，这样只会关闭我们之间沟通的大门。我们应该尊重你的意见，认真倾听你的想法，给予你安慰和鼓励。今后我们会做到这些，也希望你能重新打开与爸爸妈妈沟通的大门，把你的心事说给我们听。

第二章

男孩自尊心强，批评时要注意方式与语气

男孩从小自尊强，批评绝不可当着外人面

男孩子多动的性格让他们经常会犯错，有些妈妈总是不顾时间、地点就对孩子大声斥责，更有甚者还动手打孩子。殊不知，这样的教育并没有什么效果，反而会引起孩子的逆反心理，激起孩子的对立情绪。即使孩子认识到了自己的错误，也容易选择宁折不弯，甚至强词夺理。

是人就会有自尊心，孩子也不例外，家长千万不可忽略这一点。尤其在有外人在时，孩子的自尊心会更加强烈。家长如果总是对别人讲自己孩子的缺点或者总是在众人面前呵斥孩子，孩子的自尊心会受到巨大的伤害。孩子的自尊心比成年人要强得多，常会因为自尊心的受伤遭遇更多的打击。因此，当着别人的面对孩子进行批评的做法是不当的，这样非但起不到教育的效果，还会给孩子的心理造成沉重的打击。

相反，聪明的家长懂得尊重孩子，在他人面前赞美孩子，和孩子单独在一起的时候再实施批评，孩子则更容易接受批评。

周末，王阿姨来阳阳家做客，送给阳阳一个包装精美的儿童零食大礼包。阳阳妈妈悄声交代阳阳，等王阿姨走了才能打开礼包品尝。但一转眼，

阳阳已经把礼包打开了，抓起一个果冻就吃了起来。

阳阳妈妈有些生气，当着王阿姨的面大声说："你这孩子怎么这么嘴馋？真没礼貌……"一语未了，阳阳嘟着嘴不高兴了，他生气地把礼包投掷到了妈妈身上。

为了解围，王阿姨急忙说："没事没事，小孩子嘛。"接着，她又微笑着对阳阳说："阳阳，你今年上小学一年级了，你告诉阿姨你都会干什么呀？"

阳阳挺了挺胸膛，自信地说："我是一个男子汉，会干许多事情呢！我会洗自己的衣服，会帮妈妈洗碗，替爸爸浇花……"

谁知，阳阳妈妈打断了阳阳的话："你还好意思说呢，你洗衣服把衣服戳了一个洞，洗碗摔碎了一只碗，浇花时差一点儿就把花从花盆里浇走了。"阳阳的小脸涨得通红，他双手攥拳，气鼓鼓地跑回了自己的房间。

后来，阳阳待在自己的小房间里半天不出来，任凭妈妈怎么敲门他都不理不睬。妈妈心里很郁闷，我不就是说了几句嘛，他怎么这样气急败坏、耿耿于怀呢？

父母在批评孩子时，要避免使孩子在他人面前感到难堪。俯身低语和叫孩子到没人的地方说话是最好的方式，这不仅可以保护孩子的自尊心，也容易让孩子接受自己的说教。相反，如果总是当着别人的面批评孩子，就会让孩子没了面子，就算他有承认错误的心，碍于"下不来台"的尴尬处境，可能索性就同家长对抗到底了。

中国人常讲究"当面教子"。所谓"当面教子"，即家长喜欢当着其他人或众人的面，指出孩子曾犯或者在犯的错误，并对孩子进行"现场教育"。大多数家长会有这样一种心态：让外人看到自己批评孩子，证明孩子有教养、有家教。但是，很多时候"当面教子"不但起不到好的效果，还会使教育初心走向反面道路。

　　还有的家长总是喜欢用大吵大闹的方式批评孩子，这样一来，四周邻居没有一个不知道的，孩子的自尊心无形中就受到了伤害，放学回来遇到邻居也不好意思打招呼，只能脸红着跑过去。还有的家长喜欢在家里来客人的时候批评孩子，念叨孩子的缺点，在这种情况下，孩子的自尊心也会受到伤害，非但没有达到教育的效果，反而促使孩子产生对家长的逆反心理。

　　某周日下午，同学们应邀来到一位同学家聚会。正当他们玩得尽兴的时候，那位同学的家长回来了。一看到家里乱七八糟的场景，那位同学的妈妈就当着大伙儿的面把自己的孩子臭骂了一顿。孩子因此感觉特别没有面子，一气之下就跑到姥姥家去住了，每天放学都回姥姥家。这样的僵局维持了两周，最后还是以家长主动道歉，孩子才回家的结局告终。

　　家长在别人面前批评孩子，孩子会觉得特别没有面子，甚至会觉得是在被羞辱，其结果是把为什么挨训早就忘到脑后，只留下对父母的强烈反感。孩子甚至会怨恨父母，造成亲子关系紧张。曾经就有过一个事例，孩子对同学说："我恨死我父母了，家里一来客人就批评我，越批评我，我越不服，越是要和他们对着来！"有些孩子虽然表面没有很大的反应，但是问题也并没有解决，有的甚至会把错误从表面转到背后，那就更危险了。

　　俗话说："人要脸，树要皮。"孩子同样也是一个"要脸"的个体，经常在别人面前批评孩子，会严重挫伤孩子的自尊心。在没人的时候悄悄批评孩子，孩子才不会反感，还会因为家长的"给面子"而倍感愧疚，更有利于纠正孩子的错误。家长要让孩子认识到：犯错的是孩子自己，改错的也是孩子自己。因此，家长只针对孩子的错误批评他，且不在有他人在场的情况下是合理的做法。因为让孩子改正错误是目的，让外人关注到孩子的错误本就是毫无意义的。

育 儿 感 悟

身为家长，我们不能忽略你的自尊心，发现你有不良行为时，也不能用恶劣的态度批评你。我们会用皱一下眉、不说话等温和的方法来表达我们的不高兴。或在安静的场合和你谈谈，引导你鼓起勇气正视自己的错误和不足。用这样的方式能帮助你形成正确的是非观。

面对胆小的男孩，绝不可用"恐吓"的方式

很多男孩子调皮，父母说多少次都不听。最后父母不耐烦时，就喜欢用"恐吓"的方式来教育男孩。比如说，"父母不要你了""不要乱跑，外面有坏人拐卖小孩儿""别哭，老虎来了"，或者干脆讲一些妖魔鬼怪的故事，使孩子害怕，好听父母的话。还有的父母直接就扮成了"鬼怪"来吓唬孩子，希望借此达到教育孩子的目的。有些男孩子胆小，幼小的心灵接受不了强烈的恐怖刺激，这种"恐吓"式教育就会给这些孩子心里留下阴影，使他们失去安全感，久而久之产生一种恐惧心理，影响身心的健康发展。孩子胆小怕事的性格就是由这种紧张状态所导致的。孩子在行为上表现得更易退缩、逃避，从而影响孩子的探索精神、独立性和社会行为的发展，也影响孩子的认知发展。长此以往，孩子的恐惧感被放大，进而严重影响心理健康，甚至对外在的、无危险的物体或环境产生极端、持久适应不良的恐惧。

刘女士的儿子建建今年 5 岁，是个活泼好动的孩子，而刘女士却是个喜欢安静的人。

周六，刘女士带建建去公园玩了一天，感觉很累，准备带孩子回家。可

建建没玩够，说什么都不想走。刘女士一气之下抱起他就走，也不管怀里挣扎的儿子愿不愿意。正巧街边上有一个脏兮兮的乞丐在墙角睡觉，刘女士就对建建说："你看到那个乞丐没有？你要是还这么不听话，我就不要你了，把你送给那个乞丐，让你也变这么脏，每天去乞讨！"正挣扎的建建抬头一看那个乞丐，吓得"哇"的一声哭了出来。

晚上，刘女士坐在客厅的沙发上看书，在卧室里睡觉的建建醒了，他抱着一个玩具跑了出来，对妈妈说："妈妈，你陪我玩'过家家'好吗？"刘女士不耐烦地说："你自己玩吧，妈妈正在看书。"建建跑到一边，对玩具说："妈妈不陪我们玩，那我们跳舞好不好？"于是，建建蹦蹦跳跳地跳起舞来，一个人有说有笑玩得不亦乐乎。

刘女士觉得儿子太吵，就回到自己卧室里继续看书。可不一会儿，客厅的音响里就传出了儿童舞蹈的伴奏音乐。刘女士快步走进客厅，说："建建，你再这么吵我就去小区门口叫警察来抓你了！"

建建马上就安静下来了。其实刘女士所谓的"警察"就是她所住小区站岗的保安，那保安脸上有一道很长的刀疤，建建看见过并且很害怕。刘女士觉得这个办法好用，就经常在建建不听话的时候吓唬他。

接下来，一连几天建建都特别安静，话也不多，还特别听妈妈的话。直到有一天，建建的姥姥从乡下来了，姥姥刚一进屋，建建就大哭着跑进了姥姥的怀里，说："姥姥你带我走吧，妈妈要让那个吓人的警察抓我……"

刘女士这时候才意识到自己犯了多大的一个错误。

这是多么令人心疼的场景啊。刘女士教育孩子的出发点我们可以理解，但非要出此下策吗？孩子毕竟没有成人那么成熟的心智，他们并不明白家长"恐吓"自己是为了教育自己。身为家长至少要明白一点，就是用"恐吓"

的方式来教育孩子是愚蠢的行为，这样做非但起不到教育的作用，还会让孩子幼小的心灵受到伤害。

从孩子出生那天起，家长就是孩子最为依赖的人，所以，他们相当长的时间里都会有离开家长就生存不下去的心态。不管孩子懂事与否，发生类似这样的事情时，孩子心里常常会有这样的疑问："妈妈真的不要我了吗？"在这种心理背景下，孩子潜在的不安会加剧，久而久之会形成胆小、怯懦、不自信甚至自卑的性格。

孩子自信的建立需要安全的环境，这包括生活环境和心理环境。家长的恐吓会成为孩子心理不安的土壤，严重的话甚至会将孩子心底很多恐惧感释放出来，最终激化为心理变形的自卑；不严重的情形也会导致孩子没办法集中精力学习，精神分散。这些，必然是父母不愿看到的。

每个人都会有恐惧心理。恐惧有两种：一种是本能，即对危险的害怕；一种是神经性恐惧，就是在没有遇到任何危险的情况下也会感到害怕。如害怕一个人待着、害怕某种颜色、害怕某种职业的人等等。神经性恐惧的患者往往是胆小的孩子。这种恐惧一旦在幼时形成，就很难纠正。

有一个孩子，他总喜欢跑出去玩，爸爸妈妈总是很担心。为了让孩子不要乱跑，妈妈就给他讲了个恶鬼的故事，告诉孩子恶鬼最喜欢抓那些自己乱跑的孩子了。从那之后，孩子再也不敢乱跑了，出门总要拉着一个人。长大后，孩子知道妈妈当年不过是吓唬自己的，世界上根本没有鬼。可是，当他独自一人走在路上的时候，总觉得有种莫名的恐惧感，甚至工作后还不敢独自出差。

所以，家长不要随便用孩子害怕的东西来恐吓孩子，以免加深孩子的恐惧感。如果在孩子不听话时说"你再不听话，就会有妖怪来抓你"，看起来会起到立竿见影的效果，可这对孩子心理产生的影响是非常严重的。另外，也不要用孩子害怕的对象去恐吓他。怕医生的孩子，就算是生病了他也不会去找医生；怕警察的孩子，就算是找不到家的方向了，他也不会去问警察；怕老师的孩子，又怎么可能安心听老师讲课呢？更不要说让他主动向老师请教不懂的问题了。

育儿感悟

当孩子害怕什么东西的时候，我们当父母的应该帮助孩子消除这种恐惧的心理，而不是利用、加重这种恐惧心理。孩子会因为经常被恐吓而变得敏感，情绪上的波动会非常大。久而久之，父母再说出恐吓的话，他们也会明白父母是在说假话，因此不再信任父母，也不再敬畏父母，反而变本加厉地淘气。如果过度恐吓本就安全感低的孩子，孩子则会因此变得更加自卑。

有些错误源于"不知道"，这时批评要有度

男孩子天生多动，一些家长带孩子时间长了就会看到孩子的一些缺点。若孩子出现不好好学习、时间观念不强、注意力分散等问题后，一些家长不是认真思考这些问题的症结出在哪里，而是只会一味抱怨孩子不争气。其实，家长如果能站在孩子的角度想一想，就会发现在孩子身上出现的问题，或者说孩子所犯下的一些"错误"，都源于他们的"不知道"。

例如，他们不明白自己早点儿做完功课就能得到充足的休息时间，所以做功课总是磨磨蹭蹭的；他们不明白表达爱的方法、也不明白与人合作的意义，所以不知道怎样表达自己的爱，也不知道怎样去和别人合作；他们不知道自己究竟有多大的能力，所以总是对自己没信心；他们不明白孤独，所以总是不想和别人接触；他们不知道学习是为了什么、考大学是为了什么，所以埋怨父母总是逼着自己读书；他们不知道世界很大，所以也不知道其实自己的选择有很多……

这些"不知道"把孩子局限了起来，孩子知道的往往是书本上或者自己生活中有限的知识。作为父母，除了书本的知识，还应让孩子知道真实的社

会，知道外面的世界，知道做人应有的权利和应尽的义务，帮助孩子打开视野。

在教育孩子时，往往会出现这种状况：每天家长需要说无数遍孩子才会磨蹭着起床。家长不厌其烦地唠叨着："还不起床？你看看几点了，马上迟到了啊！我可不管你啊，看你迟到怎么和老师说。"家长的警告从未起到作用，孩子会悄悄地躲在被窝里说："反正有家长叫我。"所以赖床的习惯迟迟得不到改正。

到了晚上家长就又唠叨："你做功课的时候能不能认真点儿？我都帮你检查出这么多错的地方了，你自己就不懂得仔细检查一下？"孩子偷偷笑着想，我着什么急啊，反正有家长呢！

这些孩子对考试也并不是很认真，于是家长表现出比孩子更在意考试成绩，于是家长会着急，会督促孩子学习。因为有人督促学习了，这些孩子的成绩一般不会很差，自然这些孩子也不会体会到学习不好带来的后果。因为没有体会，他们也就不会知道哪些地方需要改正。

父母的这种行为，把原本该孩子自己做的事情做了，把他们该自己承担的责任承担了。父母有时候有必要给孩子制造一点儿挫败感，因为要让孩子明白，他们需要为自己的行为负责。孩子理解上的偏差就是因家长对事件本身比孩子更在意而形成的。只有让孩子经历了，他们才会有所认识。

在孩子的成长过程中，不会也不必避开失败。从当前看，孩子经历失败是一件糟糕的事情，但从孩子的未来看，经历失败有助于他们的成长。所以父母要允许孩子失败，不要因外界的影响和攀比心理而否定孩子，要给孩子成长的机会。

有时候，让孩子学会对自己的决定负责，要比教他怎样做事重要得多。

　　明明的爸爸妈妈和其他的家长一样，希望尽可能满足孩子的需要。6岁的时候，明明突然喜欢上了钢琴，在那个年代钢琴很昂贵，买一台钢琴大概需要5000块，而且还要凭票才行。家里人想尽了办法都没能弄到一张钢琴票，于是明明的妈妈就给钢琴厂的厂长写了一封信。

　　第二年，明明终于拥有了自己的钢琴。可还没学一年，和很多小朋友一样，明明对钢琴的新鲜劲儿就过去了。按理说，学钢琴是明明提出来的，但妈妈对明明弹钢琴没有任何水平上的要求。因为练琴占去了明明玩耍的时间，所以他不想再练钢琴了。他要赖、生气、闹脾气，想尽办法希望妈妈能够和其他家长一样对他嚷，那么他就可以理直气壮地反驳说"我要做我自己"，不要成为满足大人虚荣心的工具。

　　然而，妈妈从未对明明说过"家长为你付出多少"这类的话，她只是对明明说："明明，以后的路还要靠你自己走，我们能做的只是给你创造机会，你必须为你的行为负责。"因为妈妈一直都没有被激怒，明明也就因为从小坚持练习钢琴而理解了什么是选择和责任。

　　现在很多父母因为孩子不懂珍惜身边的机会而万分着急，甚至采取很多过激的行为。我们可以多看一看明明的妈妈，在辛苦地为孩子提供了机会后还能超脱地置身事外，其实是很不容易做到的，正是这种淡定的处理方式让她教会了孩子什么是选择和责任。

　　作为父母，要帮助孩子去了解一个人应有的权利和应尽的义务，一个人应该做些什么、不应该做些什么。只有了解了这些，才能知道什么是自己的目标，才能激发出对目标追求的动力。

育儿感悟

作为父母，我们应该帮助你了解一些书本上没有的东西，这样才能帮助你确立正确的人生观、价值观、世界观。我们会帮助你了解自己需要做什么，不能够做什么，让你体会社会是怎样的，世界是怎样的。当了解这些后，相信你会对自己、对世界有一个更加客观的认识，也会对未来有更加清晰的期盼。

不停地批评，远远不如多给些建议

尽管男孩在成长的过程中不可避免地会被批评，但如果家长批评得不正确或是不合时宜，很容易将男孩推向反抗和叛逆的一面。有时候家长放弃批评，用给予建议来代替，很可能起到意想不到的效果。

批评在词典中的解释是指出对方的缺点，或是对对方的缺点和错误提出意见。例如批评对方蛮不讲理、不讲卫生的毛病，并非指责、抱怨。可是，在现实生活中，很多父母误解了批评的含义，认为既然要批评孩子，尤其是男孩子，就要直指他们的痛处，让他们印象深刻，以便铭记并改正错误。这样做也许会帮助父母树立权威，但却很容易伤害到孩子的自尊。

建议与批评不同，是指针对一个人或是一件事情的客观存在，提出自己的意见，这种方式具备一定改良的条件，使个人或是事情向着积极良好的方向完善和发展。建议通常带有肯定的意味，如果先肯定孩子，再对孩子提出改正意见，孩子会更容易接受，并自觉遵守规矩，越做越好。

4岁的小杰趁妈妈不注意从厨房地上拿起一捆绿叶菜。他先揪下上边套着的皮筋将菜散开，然后把它们分成几份，分别装进他的四辆大小不同的玩具运输车里。如果放不进去，他就用手揪下多余的菜叶或是将它们揉成一团使劲往车内塞，把绿叶菜弄得乱七八糟。爸爸看到这一幕，上前一把夺过玩具车，把里边的绿叶菜用力倒了出来，将它们归在一起，然后大声批评小杰不懂事，不应该乱动蔬菜，说得小杰不停地抹眼泪。

尽管当时爸爸的吼叫式批评奏效了，小杰老实了一会儿，可是当一切风平浪静之后，小杰似乎又恢复了之前的样子。他趁爸爸妈妈不注意，又跑到厨房把地上的蔬菜放到了卡车里。这次不是绿叶菜，而是西红柿、土豆一类的菜。正当爸爸气愤不已，想伸手揍小杰一顿的时候，妈妈说话了："你这样大声斥责他有什么用？要给他一些建议才行。"妈妈转身用温和的语气认真地对小杰说道："小杰，妈妈知道你想玩卡车司机运送货物的游戏，可这些菜是妈妈用来给小杰做美食的东西，如果弄烂了就不好吃了。小杰愿意吃不好吃的菜吗？"小杰若有所思地说了声："不愿意。"妈妈又说："不如这样，妈妈给你个建议，你把墙角堆着的那些积木和拼图块运到玩具筐里，妈妈拿蔬菜到厨房做饭，咱们比比谁做得又快又好，好不好？"小杰很高兴，一口答应了妈妈的要求，接着就认真地运送起积木和拼图块来，他可不想输给妈妈。

父母经常以为自己的想法是正确的，孩子理应顺从，甚至还没听一听他们说出自己的想法就开始大声斥责。这样做只是站在父母的高度上"威胁"孩子，并没有从孩子的角度考虑问题。孩子需要尊重和肯定，而批评是对孩子的指责和否定。只有采取建议的方式处理孩子的问题，多给予孩子肯定，再以理服人、循循善诱，才能更好地引起孩子与家长在情感上的共鸣。

小区里的妈妈们有时闲来无事，喜欢聚在一起聊些家长里短的事情，当然，她们最常谈论的话题就是自家的孩子。有一位妈妈说自家的孩子真是不让人省心，每天总是做各种不着边际的事，为此她没少批评孩子，多的时候一天要批评好几回，孩子才能暂时规矩一会儿，她感慨自己的孩子太难管教了。

这位妈妈举例说："有一天，他让我给他买个MP3，说是用来听英语。我一听很高兴，以为他知道主动学习了。谁承想，他不是用来听英语，而是用来听歌的。"周围妈妈问："你是怎么发现的？"这位妈妈继续说："有一次他睡着了，我看他耳塞还挂在耳朵上，就替他摘了下来，这才听到里边放着的是歌曲。他居然骗我！你们说生气不生气？"其中一位妈妈说道："嗯，你们家孩子确实不该这样做，不过你不要总是批评他，最好试着给些建议。"这位妈妈立即气愤地说："批评他都不听，建议能管用吗？"另一位妈妈解释道："孩子有错误，很多妈妈选择批评，是希望他们能认识到自己的错误，但是你们试想一下，这样做是在往好的方向发展吗？一味批评，相当于否定了孩子的一切，包括优点，孩子怎么会甘心顺从？如果站在理解和尊重的角度上，给他们一些建议，让他们感受到尊重，效果就会有所不同。"

这位妈妈听从了劝说，回家照着这个方法去做。她没有用愤怒的语气大声指责孩子，而是心平气和地给予建议。这次孩子很快就照着妈妈说的话去做了，也愿意改正自己的错误。

父母给予孩子建议而不是批评，孩子没有受到指责，也没有被否定，从心理上会得到满足，感觉自己占据了主动地位，因此更容易朝好的方向改进。当孩子犯了错误，父母用建议代替批评，对孩子多一些温和，少一些怒吼，孩子才能认清自己，增强自信并取得进步。

育儿感悟

　　我们以前对你总是批评，很少给予建议。现在发现这样的方法是错误的。总是批评你，让你慢慢变得不自信，而且总是担心自己做错什么。但我们又从来没有给过你建议，告诉你怎么做是对的。这点我们会认真反思，以后会用建议代替批评，让你逐渐找回自信。

优秀的男孩，并非是"打"出来的

很多父母认为"孩子不打不成器"，迷信"棍棒底下出孝子"的教育方法。可是，用"打"的方法来教育男孩子，并不能产生好的教育效果。在很多父母看来，打骂的教育方法"行之有效"，这只是暂时的，孩子表面上听话了，但实际上内心并不认同。久而久之，父母的威信在孩子心中会荡然无存。

不知家长们是否听过这样一首《挨打歌》：

> 首次挨打战兢兢，两次挨打哭不停，
>
> 十次挨打眉头紧，百次挨打骨头硬，
>
> 千次挨打功夫到，我自酣然对你笑。

虽然只是一首打油诗，但真实反映了男孩挨打后的心态。一般来说，家长无法控制自己的情感，对孩子施以体罚，最多一两次就够了，多了不会产生任何效果。一旦体罚成了家常便饭，孩子就会对惩罚满不在乎，体罚也就失去了效果。

有位家长打了自家5岁的孩子。孩子说："欺负小孩儿算什么本事！"那位家长说："孩子因为我打他而看不起我，当时那种感觉真是想找个地缝儿钻进去。"

在孩子眼中，打他就是欺负他、压迫他，使他产生以大欺小的观念，这更加无法起到正面的教育效果。孩子经常挨打，很可能变得孤僻，不喜欢和人接触。家长习惯于动手，也会无形中在孩子心里树立起一种错误的观念，让他们认为解决问题的最佳方法就是暴力，久而久之孩子也就变成了喜欢滥用暴力解决问题的人。所以说，这样的教育方式不能让孩子在本质上认识自己的错误。

李彬有两个儿子，他对孩子们的教育方法简单而粗暴，就是一个字——"打"。

大儿子上初二之前学习成绩非常好，还是班长。但尽管如此，李彬也经常对儿子拳打脚踢。初二时，大儿子偷偷跑到游戏厅玩到很晚，李彬知道后大发雷霆，整整打了他半个小时，还不许他进屋。孩子没有办法只好离家出走，在外面流浪了几个月，后来加入了一个盗窃团伙，事发后被警方抓了起来。

二儿子因为哥哥的事非常痛恨爸爸，每天战战兢兢，学习成绩非常不理想。一次，李彬参加完家长会后，对二儿子又是一顿拳打脚踢。孩子压抑已久的怒火爆发了，他发了疯似的冲向父亲，照着父亲的脸拼命打，打得父亲满脸是血……此时的李彬惊呆了，瘫坐在地上，后悔莫及。

"打"不仅会给男孩带来肉体上的痛苦，还会使他们产生心理上的扭曲。打孩子容易使孩子产生自卑、胆小、孤僻、暴力等问题，影响男孩的健康成长。男孩长期受到家长打骂，并不会如家长所想，用诚实和负责来弥补自己犯下的错，反而以后加倍小心，不让家长发现自己的错误。

孩子因为犯错遭到家长毒打，家长打完孩子后又会感觉内疚，向孩子道歉。这样做，不但起不到教育孩子的作用，反而容易使孩子的不良情绪愈加严重。

父母总觉得打孩子收效大，是因为孩子在被打的时候大多表现出一种害怕的神情，有时嘴里还喊着"我再也不敢了""我一定改正错误""我错了"等话。其实，孩子未必是发自内心说这些话的，有时仅仅是出于保护自己的下意识行为。

凯凯是个 8 岁的男孩，父母都是大学教授，爷爷奶奶也都是高级知识分子。凯凯从小随爷爷、奶奶、姑姑生活，长辈们都宠着他，事事顺着他。凯凯 3 岁后随父母一起生活，父亲多以暴力管教他。上了小学后，凯凯常常表现出暴力的一面，喜欢凡事以自己为中心，班上的同学没有一个愿意和他接近的。

老师问凯凯："你为什么掐小朋友呀？"

他理直气壮地说："我爸爸生气时就掐我。"

老师和凯凯的妈妈交流他在校的种种表现，他妈妈说，凯凯爸爸的脾气很粗暴，孩子有一点儿不对，他爸爸就对他或踢或掐，不给孩子申辩的机会。

凯凯在三年级时写了这样一段心里话：

有一次，我在外面玩得兴起，就忘记了告诉爸爸我晚点儿回家的事。回到家后，爸爸对我拳脚相向，嘴里还训斥着我："打断你的腿，看你还有没有下次！"我想，我下次不这样还不行吗？于是我赶紧和爸爸说："没有下次了，下次我再也不敢了！"不说还好，说完这句话之后，爸爸又对我踢了两脚。我真想对他说："爸爸，你下手这么重，忍心吗？"

对于男孩来说，打骂是身心上的双重伤害。大多数情况下，家长打完孩子还会反问孩子："你知道为什么打你吗？"孩子通常只会一脸茫然："不知道。"当孩子犯错时，家长应正确、清楚地告诉孩子错在哪里，表达出希望孩子改正的心愿。

孩子犯错的时候，家庭成员可以在短暂的时间段内不理他。一旦孩子停止继续犯错的行为，应立刻给予表扬。

此外，家长对孩子要有耐心，留给他们改正错误的时间和机会。父母需克制自身，避免表现得过于暴躁，要表达出自己的观点，而不是对孩子一味斥责，与此同时注意倾听孩子的想法。

育儿感悟

很多父母认为教育男孩就应该打，这样才能实现"棍棒底下出孝子"。我们一直不同意这样的观点，因此也一直没有用这样的方式来教育你。我们通过跟你建立友好关系、耐心沟通、经常鼓励的方式与你相处，发现你不仅快乐地成长着，还非常孝顺。我们为此感到高兴和欣慰，因为我们收获了一个好孩子，你收获了一个快乐的童年。

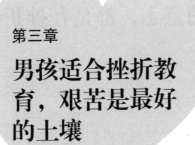

第三章

男孩适合挫折教育，艰苦是最好的土壤

男子汉坚强的意志，都是在挫折中磨炼出来的

身为男孩子，在成长的道路上需要一些挫折，也总会遭遇一些挫折。例如，踢球比赛输了、力气没有同学大……这些小挫折本来没什么大不了，它们是男孩成长和学习最好的课堂，可以让孩子性格变得更加坚强、勇敢，并且培养他不怕失败、坚忍不拔的顽强意志。

然而，现在很多父母却不忍心孩子遭受挫折，更不忍心让孩子遭遇失败。孩子遇到困难了，他们立即帮孩子解决；尽量为孩子铺平道路，为孩子排除一切障碍；给予孩子的永远是夸奖和掌声……甚至有的孩子直到长大成人，都没有品尝过挫折的滋味。

任何事情都需要靠自己的努力去完成，如果一味溺爱孩子，为他们铺平所有的道路，那么将来孩子很难自食其力。而且没有谁的人生是一帆风顺的，难免会遇到这样或那样的挫折和失败。如果孩子走惯了平坦的路，听惯了顺心的话，将来也就承受不了挫折。一旦遭遇挫折，孩子就会很容易被击垮，很难在短时间内站起来。

我们时常能看到这样的报道：某某高中生一直都是顺风顺水的，学习非

常优秀，可高考却因为某种原因失利了。他无法承受失败，从此一蹶不振。

所以，在男孩的成长过程中，父母应该注意对他进行挫折教育，让他在失败和挫折中学到本领，增强抗挫能力。

小民是一个非常优秀的孩子，学习成绩很好，每次考试都是班里的前几名，而且在美术上非常有天赋，他的作品多次在市里的少儿绘画比赛中获得金奖。可以说，小民就是老师和家长口中"别人家的孩子"。不管是在生活还是学习中，小民都表现得很出色，收获了无数的鲜花和掌声。

因此，小民有些飘飘然起来。小民的父母意识到，如果孩子始终如此顺心，一旦遇到困难和挫折，会很容易让他情绪紧张、消极、低沉，甚至因为承受不住打击而自暴自弃。

明白了这些，小民的父母开始对小民进行挫折教育，适当地给他增加一些遭遇挫折的机会。小民的美术功底是非常不错的，可是并没有达到专业的高水准。所以，小民妈妈给小民报名参加了几次专业的绘画比赛，这几次，小民不仅没能获奖，甚至连普通名次都没有拿上。开始的时候，小民感到非常伤心和难过，有些接受不了自己的失败。可是，妈妈却对他说："虽然你获得了很多次金奖，可是你要知道，你的水平和专业画家还是有很大差距的。不过，这样的失败并没有什么大不了的，只要你继续努力，一定可以更出色。"慢慢地，小民的抗挫能力得到了提高。为了加强自己的绘画水平，他多次参加全国性的比赛，并且时常向比自己优秀的人学习。

同时，小民妈妈还特意带着小民拜访了一位北京的同学，这位同学的孩子比小民更优秀，已经被重点高中录取。

在做客的时候，小民妈妈让小民见识了那个孩子获得的奖状以及各种比赛的证书。回到家之后，小民沉默了很久，他对妈妈说："妈妈，我今天才知道什么是人外有人，天外有天。那个哥哥实在是太厉害了！如果我们在一个学校，我肯定无法超越他。"

妈妈笑着说："对啊！那个孩子真的非常优秀！不过，你也不差！只要你不自满，努力地学习，肯定也能超越他。更重要的是，你要知道，如果你没有敢于应对失败的心，那么就永远也无法真的成功。"

小民的妈妈非常聪明且用心良苦。她有意识地设置一些困难和障碍，培养小民良好的心态和承受挫折的能力。

当然，父母也应明白对男孩进行挫折教育的时候，不可过分打击孩子的自信心，更不能给孩子增加太大的障碍。否则，孩子会情绪低落，甚至失去自信心和勇气。同时，当孩子遭遇挫折的时候，父母要多表示鼓励、肯定，让孩子摆脱失望、伤心等不良情绪。

育儿感悟

孩子，你一定要有意识地去吃苦，去经历风雨的历练和洗礼，在生活的磨难和一定的挫折中前行，如同高尔基笔下的海燕一样顶风冒雨不断前进。这样才能坚持进步，茁壮成长，才能促使自己变得更加强大和无所畏惧。

男孩没有那么脆弱，别怕他摔得遍体鳞伤

男孩子天性爱动，喜欢冒险，但很多父母却过于宠爱他们，对他们进行着无微不至的保护。

父母常把孩子当成一触即化的"糖"或者一碰即碎的"玻璃"，禁止他们做所有"危险"的事情。孩子想要自己倒水的时候，父母立即跑过去，小心翼翼地说"乖孩子，快把水放下，不要把自己烫到"；孩子在公园和伙伴们追逐的时候，父母急匆匆地大声喊"宝贝，你可不要到处乱跑，要是摔倒了就糟糕了"；等等。

等到孩子十几岁的时候，有些父母仍把孩子保护在自己的羽翼之下，不放心孩子和其他同学一起去春游。这样的孩子被父母保护得太好了，经不住任何的风雨打击。他们一旦遭遇些许的挫折和困难，就会遍体鳞伤。

松松已经是一名小学生了，但是老师发现，松松和其他孩子有很大的区别。简单来说，就是动手能力和自理能力非常差。

课间，老师让同学们把书包收拾好，课桌上留下下堂课需要的课本，然后把其他东西都放进书包里。其他同学几分钟就做好了，把书包整理得整整

齐齐、干干净净，可是松松却坐在那里一动不动。老师询问之后才知道，松松妈妈从来不让孩子做这些，他根本不知道怎么做。

体育课上，体育老师让孩子们学习跳绳和跑步，其他同学都高兴地运动起来。可是，松松依旧站在那里不动。当老师问他缘由的时候，他竟然给出了令老师哭笑不得的原因："老师，我妈妈告诉我不能乱跑乱跳，否则摔倒了会很疼的！"

事实确实如此，松松妈妈平时对孩子是百般呵护，简直就是"含在嘴里怕化了，捧在手里怕摔了"。松松蹒跚学步时，妈妈在一旁小心翼翼地守护着，一旦孩子摔倒了，她就立即扶起孩子，心疼地又哄又揉。之后，妈妈对于孩子的所有行动就更在意了，不让攀高，不让跑跳，更不让他自己动手做任何事情。

所以，松松已经7周岁了，自理能力还非常差，而且胆子也非常小。更令老师担心的是，松松内心非常脆弱，具有非常严重的"蛋壳心理"。

一天，老师看到松松一个人待在楼道里，脸上还挂满泪珠。老师轻轻地走过去，语气和蔼地问道："松松，你怎么在这里站着？现在已经上课了，你为什么不回去上课呢？"

谁知见到老师来了，松松的眼泪竟然流得更多了。他一边哭一边说："老师，我想回家，想要找妈妈！"

老师耐心地问道："发生了什么事情吗？你可以和老师说。现在你已经是小学生了，已经长大了，不能一遇到事情就找妈妈。"

松松看了看老师，断断续续地说："有几个同学，他们欺负我，他们不愿意和我一起玩儿……"

经过了解，老师才知道事情的来龙去脉。原来这几个男生比较活泼好动，时常在一起追追跑跑的，所以很少和松松在一起玩。课间的时候，松松见一个男生拿出了一个非常漂亮的转笔刀，就小心翼翼地说："你这个转笔刀真漂亮，能让我看看吗？"

那个男生调皮地说："你妈妈让你玩刀子吗？难道你就不怕受伤吗？"说完，他就和几个男生一起哈哈大笑起来，然后跑到操场疯玩去了。松松感到万分委屈，就躲到楼道里伤心地哭了起来。

就是因为松松妈妈把孩子保护得太好了，结果，在成长的过程中，松松变得越来越娇贵，真的变成一个"易碎品"。他不仅性格娇气，身体娇弱，心理更是脆弱无比。

一位教育学家曾经说过，孩子小的时候，父母给孩子什么样的教育，孩子就会成为什么样的人。如果父母把孩子当成弱者，什么事情都不让他做，那么孩子就永远不会变得坚强独立；如果父母把孩子当成"易碎"的玻璃，小心翼翼地捧在手心里，那么孩子终究会脆弱不堪，很容易被摧毁。

作为父母，如果真的爱孩子，那么就应该收起那份过分爱孩子的心，不要过度地保护孩子。况且，虽然孩子年纪比较小，但是他们并没有我们想象中的那么脆弱，更不是什么易碎的玻璃和易化的糖果。

该孩子动手的时候，让孩子自己动手；该独立的时候，让孩子独立；同时在保证孩子安全的情况下，让孩子尽量大胆地去尝试。那么，孩子就会拥有坚强的内心，成长为一个勇敢、自信的孩子。

育 儿 感 悟

　　没有一个孩子是玻璃做的，我们一直深知这一点。你是男孩子，需要经历一些困难和挫折。你学走路、学骑自行车不慎跌倒时，我们会鼓励你爬起来继续前行。因为只有这样，你才能从一次次困难中学会坚强，才能成为真正的男子汉。

培养男孩的抗挫能力，要学会放下负担

挫折是事情超出预期时的一种心态和感受。每个年龄段的孩子都会有不同的挫折经验，在挫折面前的表现也不同。

人生在世，难免遭遇挫折。对年纪小的孩子来说，失去最想玩的玩具，或是想吃零食的时候被家长加以阻挠，这些都可能给他们带来挫折感。小孩子通常通过哭闹或发脾气的方式来表现挫折感，随着年龄的增长，他们挫折感的表现方式也会不一样。孩子遇到那些和自己预期的不一样的事情，会表现出生气、沮丧等多种负面的情绪。

挫折对孩子来讲是无法避免的。既然挫折无法回避，家长就应该培养孩子面对挫折和走出挫折的能力。那么，什么样的方法才能帮助父母引导孩子走出挫折呢？适当的挫折教育就是最好的方法。

家长在孩子遭受挫折时没能给予正确引导，孩子就会丧失信心，遇事变得软弱。因此家长要合理地引导孩子，让他们学会坦然面对挫折，培养他们面对挫折的承受力和意志力。但也不要让孩子轻易成功，如果轻易成功，孩子会觉得自己比别人都强，结果容易导致孩子自大自负，目空一切。

　　大多数孩子遭遇挫折后很容易产生消极情绪，面对挫折他们往往选择的是逃避。如，有的孩子在大考当天忽然会因拉肚子或发烧而不去参加考试，这些孩子大都存在错误的逻辑思维，怕受挫折，害怕失败，他们认为放弃就不会失败。能改变这种情况的唯一手段就是父母在孩子遭遇挫折时，教育他们要勇敢面对，要有战胜挫折的勇气和信心。与此同时，父母还要叮嘱孩子不要担心失败而畏首畏尾，尽可以放心大胆地去干，失败并不可怕，失败了可以重新再来。

　　父母要引导孩子在不断失败和挫折中磨炼自己的意志。孩子在不断克服困难的过程中经受磨砺并战胜困难，勇气才会因此而得到激发，战胜困难的欲望也就越发强烈。这样，恐惧心理也将随之消失，而自信心会生根发芽，这也促使孩子内心坚定、越挫越勇。这时的孩子已经具备了抗挫折的能力。

　　心态决定一个人的命运。一个人具有良好的心态就具备在任何环境和条件下生存的能力，那些在逆境中成长起来的人往往比常人具有更强的竞争力。美国著名心理学家特尔曼教授和他的学生柯克斯博士曾对三百多位伟人进行分析与研究。通过研究，他们发现这些伟人无一例外都具备了积极乐观的性格。对于青少年的成长来说，积极乐观的性格对他们的影响是巨大的，但人的性格有很大一部分是在后天的环境中逐步形成的。

　　一个背负沉重行囊的年轻人不远万里来拜访无愁大师，他说："大师，我很孤独，经过长途跋涉，我现在已经疲惫不堪了。因为鞋坏了，我的脚被划伤了；手上被划出很多道口子，血流不止；嗓子也变得嘶哑。为什么心中的太阳还是不能被我发现？"大师问："那你为什么不放下你的行囊呢？"青年说："这个行囊对我来说太重要了。里面装满了沿途所有的痛苦……也正是因为它才支撑着我找到了您。"

大师将这个年轻人带到河边，并划船渡过了这条河。上岸之后，大师对这个年轻人说："这条船归你了，你把船扛上赶路吧！""我的天呐，怎么会扛着船赶路呢？"青年人感到万分惊讶。大师微笑着说："是的，孩子，你怎么可能扛动它呢？船在我们渡河时是有用的。但过了河，我们就要弃船而行。否则，我们背着这条船上路的话，它就会成为我们的累赘。痛苦、孤独、眼泪、灾难都能锤炼我们的人生，让我们从中受益，但要是紧紧抓住这些不放，它们也就成了我们的包袱。学会放下吧！孩子，生命中不能有太多的负重。"听完大师说的这些话，年轻人有了感悟。正如大师所说，人生的旅途中不必背负太多。

教育孩子的过程也是一样，我们一定要时刻提醒自己，也帮助孩子放下那些不必要的负担。教育孩子不要因为小有成就就骄傲，也不要因为遇到困难就打退堂鼓。因为这两种情况都会造就孩子骄傲或悲观的性格。从孩子现阶段的性格来看，家长应该对孩子的性格的塑造有一个明确的认识，才能培养起孩子积极乐观的性格。

在孩子的成长中，最为重要的就是帮助孩子塑造良好的性格。孩子小的时候我们可以给他们提供温暖的住所、美味的食物，但是孩子终究会独自生活。如果孩子缺乏独立生存的能力，最后只会被社会抛弃。因为社会同自然界一样：物竞天择，适者生存。所以，当孩子在成长中遭受挫折时，家长要帮助孩子及时化解那些因为挫折而产生的种种悲观情绪或心理障碍，这样就不会导致悲观性格的形成。

每一个未来可能会大有作为的人都是把命运掌握在自己手里的人。孩子遇到了挫折容易产生逃避心理，父母一定要培养孩子面对挫折时能鼓起勇气，拥有战胜挫折的信心。家长要让孩子明白一个道理：人生中的困难只是暂时的，一次失败不代表一生失败。家长还要鼓励和引导他们相信自己，通过自己的努力和奋斗战胜一切困难。正如叔本华所说，事物的本身并不影响人，人们只受对事物看法的影响。一旦孩子受到对事物看法产生的影响，那他们的生活就会发生巨大的变化。心态可以影响孩子在未来的道路中如何看待事物，可以影响他们的认知程度和结果。只有真正积极的人生态度才能帮助孩子最终战胜生活中遇到的各种问题，帮助他们更好地发掘自己的潜能，走上成功的道路。

育儿感悟

培养你独立面对生活的能力，让你能够很好地分析问题、解决问题，这便是挫折教育的出发点。没有谁的人生会一片坦途，太多的事实在告诫我们做家长的，要想让孩子获得更幸福、更有价值的人生，就必须培养孩子具有良好的抗挫能力。就像歌里唱的那样：不经历风雨，怎么见彩虹？

男孩需要从小明白，赚钱不是一件容易的事

有些孩子看到什么买什么，根本不考虑价格，父母会不会有经济压力的问题。因而，家长在教育男孩的时候，要让他明白赚钱的不易，生活的艰辛，他才懂得体恤家长的辛苦，进而养成不浪费的好习惯，而最直接的方式就是让他不断体验如何去赚钱。

有一篇小学生写的作文，文中写了他洗车的经历，很值得一读：

老师给我们布置了一项寒假作业，靠自己的劳动获取五块钱的酬劳。我还愁用什么方法挣这五块钱的时候，突然从父母聊天中得知，因为快过春节的缘故，洗车的费用比平时贵了一倍，洗一次车要三十元。真是踏破铁鞋无觅处，得来全不费工夫。我自告奋勇地说："爸爸，我洗车只收十元钱，价格公道吧？"在爸爸看来，车是他的命根子，爸爸用疑惑的目光看着我。但在我的几番游说后，爸爸终于答应了我这一请求。

我做事从不拖拉，马上找来了水桶、毛巾、手套，把湿毛巾拧干后用力地擦着车门。一下，两下……为了让爸爸这个客户满意，我认真地擦着每一个角落。但我越是卖力，车门就越擦越脏。站在一旁的爸爸看得直叹气，我

就当什么也没看见，依然卖力地擦着。

真是天公不作美，天气越来越冷，不一会儿就下起雪来。我那已经被冻得通红的小脸蛋上沾满了雪花，雪水融化后打湿了我的衣服。慢慢地，外面的衣服冻成了硬壳，而内衣却被汗水浸湿。费了半天劲，一扇车门还没擦完。我真后悔做这个决定。但我不能做言而无信的事情，我一定要坚持把这项工作做完。雪花漫天飞舞着，不一会儿，已经有一层薄薄的冰冻在了车身上。我小小的身躯在风雪交加中围着汽车转来转去。

爸爸终于忍不住了，叫停了这项任务……

虽然我没能完成这项工作，爸爸还是支付了那十元钱的酬劳。当爸爸将钱放在我手中时，我的眼眶里含着热泪。我这时才发现：看起来简单的事情做起来并不简单，而回报往往建立在辛苦劳动的基础上。

"赚钱"是要付出无数滴汗珠的，孩子只有明白了赚钱的不容易，才能体会到生活的幸福，也就会倍加珍惜。家长在爱孩子的同时，不妨让孩子吃点儿苦，这样更加有利于孩子成长。

家庭教育越全面，家长就越注重让孩子参与家务活动，以此达到培养孩子独立做事的目的。

据调查发现，美国的孩子每周有五小时的家务要做。实际上，让孩子参与家务劳动并不是浪费时间的事情。通过做家务的实践，孩子反而会从中学到很多经验。因为看似容易做的家务，实则包含了很多重要的细节。

不少美国的父母会在每年的四月利用一天闲暇的时间，带上孩子去自己工作的地方，让孩子看看自己辛苦工作的情景，以此来让孩子明白劳动的价值。

瑞士人提倡让小学生"挣钱"，体验生活。瑞士的小学里专门开设了一些打工赚钱的实践课程，让孩子在实践中体验赚钱的不易。除此之外，学校还会定期组织模拟市场，让同学们从家长那儿"进货"。当然，这些"货"无非是一些吃吃喝喝的小玩意儿。然后，孩子就把这些东西拿到学校的模拟市场来交易。露营、参观等活动的经费就是从孩子这些挣钱的款项中获得的。等到节假日的时候，人们会看到瑞士的一些街道和集市上有很多中小学生拿着自制的工艺品和小食品在叫卖。大多数人都会支持学生这样的举动，这既是勤工俭学，也是体验生活。

据媒体报道，某8岁"富二代"小孩准备把街头卖艺赚得的钱全部捐献给山里的贫困儿童。男孩在街上拉琴，他的父亲在距离十多米的地方关注着他的一举一动。7月已经是炎炎夏日，孩子每天要独自背负很重的装备上街卖艺表演，这是十分辛苦的。孩子因为这些伤心难过了好几次，但父亲并没有因此让他停止卖艺，孩子只能继续站在那里拉琴。

一般人认为，"富二代"享受安逸生活是天经地义的事情，因为人的本性就是追求安逸，但这位父亲并没有因为自己富有，就让孩子安逸舒适地生活，而是让孩子去体会生活的艰辛。这种做法值得家长们深思、效仿。

育儿感悟

为了你将来能在社会上生存，并有所作为，我们不会把你天天泡在"蜜罐"里，而是让你早日明白生存的艰难，挣钱的艰辛。只有这样，你才能学会用自己的双手去创造幸福，做一个自强自立的人。

男孩不能娇生惯养，从小要有吃苦的精神

家长在教育下一代时，有必要将勤俭节约的好习惯让孩子传承下来，同时应该让孩子懂得"由俭入奢易，由奢入俭难"的道理，引导孩子把有限的精力集中到学习上，而不是在追求物质享受上，多培养孩子坚强的意志和完善的品格。父母要让孩子知道，人生的成功不是靠吃穿用度，而是靠真才实学达成的。如果让孩子过早地贪图享乐，不去尝试艰难困苦，可能会间接影响他们的人生。

当然，我们所倡导的吃苦并不是吃不饱、穿不暖的意思，而是在保证孩子温饱的基础上，让孩子经历必要的苦，从中获得生活感受和体验，培养孩子以艰苦奋斗为荣的精神。

然而，在现实生活中，随着物质生活水平的日益提高，越来越多的家庭喜欢用物质满足孩子的一切，把孩子宠得像小皇帝，要什么给买什么。即使一些经济条件不太好的家庭，父母也常常省吃俭用，拼命让孩子的生活与同伴们齐头并进。这并不是一件好事，家长对孩子看似爱之，实则害之。事实上，对孩子物质上的有求必应，会养成孩子花钱大手大脚、不懂珍惜的坏习

惯，他们会过度追求物质享受，不愿意受穷吃苦。所以，家长应该学习下面人物的做法，正确教导孩子，避免将金钱的负面影响带给孩子。

身为"石油大王"的约翰·洛克菲勒对孩子们非常"吝啬"。尽管他财力雄厚、富甲一方，但他从不在金钱上娇惯孩子们，就连零用钱也计算得一清二楚。因为他深知富家子女比普通家庭的孩子更容易受物质的诱惑，受欲望的摆布。

洛克菲勒根据孩子们的不同年龄来发放零用钱：10 岁以下每周 30 美分，10 ~ 15 岁每周 1 美元，15 岁以上每周 2 美元，一周发放一次，保证定时定量。除此之外，他给每个孩子都准备了账本，要求他们将自己的支出明细都记录下来，每次发钱的时候他都会检查孩子们的账目。支出正当的人，下一周的零花钱可以增加 5 美分，反之则减少。

此外，洛克菲勒规定，孩子们帮助家长做家务的话，会获得额外的报酬，用来补贴自己的零花钱。例如，拍苍蝇、捉老鼠、清理草坪都可以得到若干酬劳。孩子们很拥护父亲的政策，积极参与劳动。他们开动脑筋，勤于动手。二儿子纳尔逊（后来担任美国副总统）和三儿子劳伦斯（后来兴办新兴工业）一起主动承担了替全家人擦鞋的服务。这两个儿子在十二三岁的时候就一起合伙养兔子，卖给医学研究所换取酬劳。这样孩子们可以切身体会到劳动的乐趣和收获的喜悦。

后来，儿女们纷纷长大，去外地上大学，洛克菲勒依然对他们的零花钱严格管理，规定他们的消费水平要与一般家庭的孩子持平，如有其他用途必须额外申请。他不愿孩子们任意挥霍，哪怕是一分钱。

显然，洛克菲勒知道，养成俭朴的生活习惯，经历赚钱的艰辛，对于孩子适应社会、培养责任感和进取心来说，具有重要的意义，这些远比金钱更让孩子受用不尽。

实际上，孩子是勤俭朴素还是好逸恶劳，绝大部分取决于父母。父母对待钱财、劳动的态度于潜移默化中造就着孩子的价值观。

所以，父母要以身作则，给孩子做出表率，即便再富裕，也不能一味地讲究物质生活，在孩子面前奢侈浪费。同时，父母要让孩子知道赚钱不易。父母要有意让孩子体验劳动的滋味，经历了艰辛，才能有所收获。如，可以像上面讲到的洛克菲勒那样，鼓励孩子做一些家务或者兼职，让孩子通过打扫卫生、送报、送牛奶等赚取自己的零花钱。这样做的目的不在于让孩子赚钱，而在于让孩子明白钱财来之不易，让孩子懂得珍惜。

人们常说："可怜天下父母心。"父母终日付出的辛劳，得不到孩子应有的感恩、回报，的确很可怜。孩子之所以"忘恩负义"，很大部分原因是父母没有让孩子从小参与劳动，没有培养起孩子热爱劳动的习惯，孩子既不懂得付出，也不知道收获得来不易，自然也就体会不到父母的辛劳，不懂得感恩与回报。例如，孩子自己没有洗过衣服，就体会不到父母洗衣服的辛苦，也就不会在意保持衣服的整洁，即使大人们说几十次、上百次，他仍旧不会去注意。待他体验过洗衣服的劳累，才会渐渐懂得珍惜父母的劳动成果。

所以，父母不要把孩子照顾得"面面俱到"，应该让孩子学会自己的事情自己做，鼓励孩子去做一些力所能及的事，培养孩子的独立性和责任心，让孩子学会自律。一旦孩子有"不良"行为出现，父母可以制定一些家庭规范来约束孩子的行为。同时，父母要多督促孩子承担家务劳动，让他体验真实的生活，享受劳动的快乐。

育儿感悟

　　我们一直认为，身为男孩子，你就应该从小多吃一些苦。俗话说得好，"吃得苦中苦，方为人上人。"我们并非希望你做什么"人上人"，但我们明白，若是你从小不知道什么是苦，那么将来也不会珍惜得来的那份甜。

第四章

**教育要学会宽容，
男孩有些小错无须
计较**

对男孩无意间的过错，给予一定宽容

男孩在成长的过程中，调皮捣蛋、不小心做错事的情况会经常发生。孩子因为自己无意间犯的错误也会感到深深的内疚和自责，家长在这时不应该批评孩子，批评只会造成彼此间亲情的疏远。孩子犯了错误以后，父母的宽容实际上是在无声地告诉孩子："我们原谅你了，你只是偶尔犯了错误而已。"

有时候，孩子好心做错事，父母对孩子的宽容在这种时候就显得尤为重要。父母首先要表扬孩子的出发点是好的，然后和孩子一起分析错误的原因，并对孩子给予正确的指导和帮助。孩子因为得到了父母的理解和宽容而心生感激和愉悦之情，多会时刻牢记父母对自己的建议，并努力改正犯过的错误。

史蒂芬·葛雷是一个科学家。幼年时的他曾不小心把牛奶瓶打碎在地上。母亲并没有因为他的失误而对他大声斥责，而是夸赞他道："孩子，你太有艺术细胞了，牛奶在地上画白云是一个很棒的创意！反正牛奶已经洒在了地上，你应该在收拾它之前，再多画一些有创意的东西。"

史蒂芬·葛雷真的这样做了。过了几分钟，母亲对他说："好了，现在让我们一起把地面清理干净吧。"于是，史蒂芬·葛雷乖乖地和母亲把地面打扫干净。他的母亲紧接着对他说："孩子，我们再次在瓶子里装满水，你试试看是否能够拿好。"史蒂芬·葛雷发现，只要双手抓牢瓶子，那么瓶子就不会掉在地上。

史蒂芬·葛雷在多年后这样回忆道："从那一刻我明白了犯错不可怕，只要能改正，并且从中学到东西就好。"

毫无疑问，史蒂芬·葛雷的母亲是具有教育艺术的，她深知家长需要用宽容的心态对待孩子的过失。家长和孩子经过慢慢沟通，可以达到让孩子改正错误的目的。孩子因为得到理解，也能从大人那里学到一些做人的道理。自信的孩子懂得自我接纳，因为他们生活的环境很包容；孩子不自信的原因往往是每天承受了过多的责备和压力。

张亮最近新买了一辆纯白色的汽车，很是喜欢，每天都当宝贝一样地擦拭。

有一天，张亮5岁的儿子看到了爸爸停在门口的白色汽车，忽然有了一个想法：汽车这么白一点儿都不好看，我要给爸爸的汽车画上一些好看的图案，让汽车变得更漂亮。于是，他拿出在培训班学习时的笔和颜料，开始在爸爸的汽车上"作画"。

等张亮从楼上下来，看到他的爱车已经被涂得乱七八糟时，瞬间怒火中烧。但当他看到儿子还在认真地画着，而且歪歪扭扭的汉字写着"我爱爸爸"时，火气瞬间荡然无存。

儿子回头看到爸爸来了，高兴地问道："爸爸，你看我画得好不好看？"

张亮平复了一下心情，笑着看着儿子说："你画得真棒。不过，你有没有想过，你这样在汽车的脸上和身上乱画，汽车多难过啊！要是有人在你的脸上和身上这样画画，你也不愿意，也会很难过，对不对？"

儿子抬头认真地思考着爸爸的话，然后点了点头。

爸爸摸着儿子的脑袋，说道："那你记住了，以后画画要在纸上画，这样画出来的图才会漂亮，知道了吗？"

儿子低下了头，说道："知道了，爸爸，我知道错了，以后一定不在汽车或者其他东西上画画了。我只在画纸上画画。"

"儿子真聪明！爸爸一教就明白了。你也不是故意在汽车上画的，爸爸不怪你。你不是喜欢玩水吗？和爸爸一起来洗车好不好？"

"好啊，好啊！我现在就把汽车洗干净，让汽车的脸和身体变回白白的样子。"说着儿子兴高采烈地上楼去拿洗车的用具。

在家庭教育的过程中，父母应该学会宽容。因为理解和宽容，父母不会再为孩子的错误而耿耿于怀，宽容教会了家长和孩子平等沟通，让孩子感受到父母对自己的关爱和鼓励，孩子今后在面对挫折和困难时，也会拿出加倍的勇气和信心来面对。

面对孩子犯下的错误，父母要以理解的心态正确对待和引导，这样才能让孩子改正错误。当然，父母在宽容孩子的错误时，也应该把握一个度，做到宽严相济、松紧有度。

第一，孩子已经意识到自己犯错，并因此深感内疚和自责，这个时候家长可以运用宽容的方式。

第二，面对孩子的错误，父母只能宽容引导而不能选择迁就的方式来纵容孩子。孩子犯错了，家长应该通过交流沟通让孩子认识到错误的严重性，并加以改正。家长不能抱着想起来就管，想不起来就不管的态度，这样会让孩子感到犯了错也无所谓。

第三，宽容的最终目的是帮助孩子纠正自己的错误行为。

育儿感悟

对待你的过错，以前我们的态度和处理方式太过于粗暴，不了解这些错原来是你无意为之，更不知道你在犯错后自己内心已经很内疚、很自责了。我们以后不会再粗暴地对待你，我们会和你一起分析错误的原因，并给你正确的引导和帮助。

有些男孩习惯不好，但并非是"问题孩子"

在家长眼中，有些男孩子总是有这样或那样让家长不满意的地方。家长眼中的"问题孩子"多表现为行为叛逆、上网成瘾、厌学逃学、自闭、对亲情冷漠等。"问题孩子"固然让家长头疼，然而"问题孩子"的养成并非一朝一夕，"问题孩子"值得我们思考的远不是他们表面上顽劣不堪的行为，而是导致他们行为背后的心理状态。家长对"问题孩子"采取错误的教育方法只会把他们推向更深的深渊，让他们走上不能回头的路。

经常有一些家长带着自己的孩子去向心理咨询师咨询，这些家长有一个共同点，即抱怨自己的孩子不是理想中的样子，有的甚至说自己的孩子就是个"问题孩子"，对孩子非常失望。

小奇的妈妈对小奇倾注了很大的心血，总希望他在学习上能出类拔萃，在其他方面也都比别人强。于是小奇妈妈经常辅导小奇做功课，让他帮忙做家务，等等。这种做法受到小奇老师的赞赏，于是，妈妈对小奇的要求更加严格了。

很多次，小奇妈妈反反复复给小奇讲解难题后，小奇还是挠着头说"不明白"，小奇妈妈心里的火气一下子就蹿上来了，对小奇发起脾气来。小奇吓得不敢出声，可妈妈越急他越紧张，哪儿还有工夫思考呢？

越看小奇不会做题，小奇妈妈的火气也就越来越大，动不动就会训斥他。结果小奇似乎越来越笨，小奇妈妈也越来越失望，经常对别人说："我的孩子有问题，长大了一点儿出息都没有！"就这样，小奇成了妈妈眼中的"问题孩子"，他无力反抗妈妈的话，只是变得越来越沉默、自卑了，他不再像以前那样开心和自信。而小奇与妈妈之间也开始产生隔阂，家庭关系紧张起来。

现在，很多孩子都被贴上"问题孩子"的标签。我们常常看到家长用悲观的态度去审视自己的孩子，对孩子未来的前途充满失望，而他们的孩子也已经麻木了。

"问题孩子"最大的悲哀在于孩子自身并没有放弃、否定自己，社会和父母却已经放弃、否定了他们，把孩子放在社会的对立面，孩子只能变得更孤独、沉默甚至冷漠。这样对待孩子，孩子怎么会有自信的心态呢？孩子需要鼓励而不是批评，很多时候，孩子身上的优点都是因为鼓励而被激发出来的。通过研究发现，若孩子常常受不到鼓励，他的潜能只能开发到20%～30%，而经常受到鼓励的孩子，他的潜能能开发到70%～80%。孩子是否喜欢和认同自己，在很大程度上取决于父母对他的爱，如果父母能对孩子充满赏识，他就会在这种爱的氛围中充分地肯定自我。家长是孩子的监护人，不能随意践踏孩子的尊严，尤其是那些本身存在着问题而被社会所排斥的孩子。

刚开学一个月，何老师就收到一位同学的来信。这封信的内容让何老师很震惊，这位同学写道：老师，我现在很苦闷，什么都不想做，我也恨我的爸爸妈妈。

何老师赶紧找到这位写信的同学，并与他展开了深入的交谈。原来，小男孩的父母给他制造了太大的学习压力，每次考试都要求他考进班里前三名，而且将来必须考上名牌大学。"他的家庭条件不怎么好，全家人都指望着这个孩子。上中学后，他知道很多同学成绩非常优秀，这让他感到担忧。"何老师说。

现在，很多家长以学习成绩作为判断孩子好坏的唯一标准，孩子学习成绩好，就是好孩子，反之就是"问题孩子"。"问题孩子"的标签压得孩子透不过气来，而父母的批评则让孩子彻底失去了认同自己的信心，让他们在"问题"的道路上越走越远。一个本就内向、甚至孤独的孩子如果得不到父母的肯定，长久地遭受父母的批评和责骂，会变得更加的孤独内向，甚至破罐子破摔，哪还有去改变自己的决心和信心呢！生活在指责声中，孩子就容易趋向自卑，不断否定自己，也就很难做出正向的改变。

"人之初，性本善。"一个孩子赤裸裸来到这个世界上，就像高山上的泉水，没有一点儿杂质，而最先迎接他到来的是他的父母。父母希望孩子永远能保持自己纯净的状态，不沾染一点儿杂质。然而，如同在溪水的流动过程中，总有这样或那样的杂质汇入一样，孩子的成长过程中，也总有这样或那样的缺点。父母要做的不是责备，而是反思孩子这些缺点是如何形成的，应该怎样帮助孩子改正这些缺点……如果能这样去反思，就能减少对孩子的身心伤害，做家长的也能不断进步。

人非圣贤，孰能无过？更别提是年幼的孩子。看到孩子的诸多缺点，父母自然着急，但是，请不要轻易地认定自己的孩子是"问题孩子"，不要忙着给自己的孩子贴标签。标签一旦贴上，将很难取下。想让自己的孩子脱离"问题"的苦海，父母必须学会教育孩子的方法，改变孩子从改变自身开始。

育儿感悟

孩子，对于你犯过的小错误，我们以前处理的方式不够得当。如今我们明白了，惩罚并非唯一能让你改掉错误的手段，宽容地引导你可能会更容易让你接受，这也是更有效的方法。以后我们会以平等的姿态和你进行沟通，让你明白其中的道理，相信你这么聪明，一定能够改掉坏毛病，成为一个好孩子。

别把是否听话，当作衡量孩子的标准

很多男孩子喜欢惹是生非，频繁给家长添麻烦，家长再三劝告、批评，效果也不明显。这样的孩子，经常被大人笼统地归结为淘气的孩子。

与淘气相对应的，就是所谓听话的孩子了。家长常常把听不听话作为衡量孩子是不是"好孩子"的标准。表面上看，这是家长要求孩子听从自己安排的寻常问题，实际上长此以往，孩子很容易养成顺从的性格，没有独立的个性。然而，很多家长并未意识到强调听话只能助长孩子的依赖性，孩子凡事都听命于家长和老师的指示，没有独立思维、独立做事的能力，长大后如何立足于社会？更谈不上对社会有所贡献了。

一次家长会上，老师提了一个问题："认为自己孩子不听话的家长，请举手。"

大多数家长举起了手。其中有几位家长好像认为这是多么让人尴尬的事情，始终低着头。

"为你们有个不听话的孩子感到高兴！"老师大声地说道。

听到这话，那些举手的家长脸上露出了困惑的表情。

"听话就是按父母的话去做。"老师接着说。

在场的家长都点了点头。

老师又问："如果做人最成功的标准是 100 分的话，你们给自己评多少分？"

大部分家长认为自己在 70 ~ 80 分。

老师又问："想不想让你们的孩子有更精彩的人生？"

家长们齐刷刷地说道："想啊！"

老师说："听家长话的孩子就是在复制别人的人生，谈不上超越。他们这样最多只有 70 分的表现。"

听完这话，家长们都低下了头。

道理就是这么简单。淘气只能说明孩子拥有好动和求知欲望强烈的天性，但在大多数家长看来，这样的孩子让人十分头痛。殊不知，孩子过于听话就会丧失自己独立思考的能力，家长也因此常会忽略挖掘孩子其他的潜能。

现实生活中，大多数父母都喜欢听话的孩子，他们认为这样的孩子将来一定能有所作为。但实际上听话的孩子独立性差，创新能力要远远低于其他同龄人。

而要适应当今环境，缺乏独立和创新意识的人是无法在这个社会上立足的。特别是改革开放后，各种潮流拓宽了人们的视野和思维，社会更要求人们具备开拓进取的精神。如果遇事毫无主见，事事听命于人，这样的孩子怎么会有一番作为呢？因此，家长必须根据社会发展的需要，更新旧的评价标准，不能盲目肯定听话的孩子，也不能一味否定不听话的孩子。

孩子不听话、淘气的举动有时也正是头脑灵活的表现，家长尽量试着跳出"听话教育"这个思想的误区。大多数家长希望自己的孩子能有些创造性，但当孩子真的表现出一些不同于别的孩子的特质来，父母就又开始担心了。不听话就是这种特质的表现之一，其实"不听话"也是有其存在的道理的。好奇心是创造的种子，富有好奇心的天性应该被珍惜、培育和赏识。对于孩子的淘气行为，家长应尽量宽容，用理解的心去尝试接纳。

育儿感悟

你好动的特点说明你具备更多求知欲和探索欲。虽然很多父母都喜欢安静、听话的孩子，但我们觉得你这样挺好。你要是过于听话，也有可能会丧失独立思考的能力。"不听话"是好奇心的种子，我们会倍加珍惜你这样的品质。对于你的淘气行为，我们会尽力做到宽容和理解。

孩子犯了错，不可不由分说地责备

很多家长认为，孩子做错事就应该受到责备，不能纵容孩子再犯类似的错误。当然，父母责备孩子本没有错，但凡事都要有一个衡量的标准。即便孩子做了错事，也要弄清他们为什么犯错，犯的错误到底有多严重，然后再找出相应的对策。如果家长只凭一时愤怒，还没听听孩子对错误的解释，就对孩子进行惩罚，会给孩子的心理带来深深的伤害。

宇浩今天早早就起床了，他趁爸爸妈妈不注意的时候跑到卫生间，从洗漱台上拿起爸爸的刮胡刀就在脸上鼓捣起来。没过一会儿，在卧室睡觉的妈妈就听到啪的一声，紧接着传来宇浩的哭声。妈妈吓坏了，迅速起身跑向卫生间，看到宇浩脸上被划了个小口子，流了点儿血，再看看掉在地上的刮胡刀，她一下子就明白是怎么回事了。

本来妈妈最近工作很忙，经常加班到深夜，好不容易等到周末想睡个懒觉，偏偏这时候被宇浩吵醒，再加上她看到宇浩随便玩爸爸的刮胡刀，更是气得不行。宇浩看妈妈生气了，惊慌失措地擦着脸上的伤口，这时妈妈不由大声责备道："宇浩，你到底知不知道你在干什么？刮胡刀很危险的，我早就告诉你这些东西大人才能用，你不要随便动。你看看现在你的脸被划破了吧？真是太不听话了！"宇浩听到妈妈怒不可遏的声音，更是吓得哇哇大哭。

妈妈只管俯身收拾掉在地下的刮胡刀，没有安慰宇浩。她只是想让宇浩记住这次的教训。宇浩越来越感到委屈，不停地哭，虽然声音变小了点儿，眼泪却没有停止。

其实宇浩一直是个听话的孩子。如果父母说别碰水壶，会烫手，他就不会去碰；如果父母说别随便开水龙头，会把衣服打湿，他也不会去玩。爸爸认为宇浩跑到卫生间玩刮胡刀很反常，一定有什么事情，如果没有原因，他相信宇浩不会随便动大人的东西。爸爸把正在哭泣的宇浩抱了过来，耐心地询问道："宇浩，你今天为什么要用爸爸的刮胡刀啊？"宇浩回答道："张老师在班上给我们排情景剧，让雨欣演妈妈，我演爸爸。我见爸爸经常用刮胡刀，所以我也用了。"这时妈妈也弄明白了宇浩动刮胡刀的真正原因，对刚才自己不分青红皂白就大发雷霆的行为感到很后悔。

其实，父母保护孩子远离危险本无可厚非，但是当孩子做错了事，父母在没弄明白原因的情况下直接责备，也显得不近人情。孩子虽然年龄还小，对一些事情考虑不周全，但有些时候，他们犯错也是有原因的。父母在责骂孩子之前，不妨先听听孩子怎么说，弄明白事情的原委再发表意见。这样做，不但是给孩子机会，也为自己与孩子之间的关系更近一步提供了机会。

很多父母面对孩子犯错，第一反应就是责备，这显示出他们无法处理好这件事情的无奈和无助。须知，孩子也是有羞耻心的，也是要面子的。如果他们真的犯了错误，一定会心存愧疚，但是如果孩子因为某种善意的起因而不小心犯了错，恰在此时家长又没有倾听他们的解释，就会让孩子在心理上感到无力承受，还会伤心委屈，对自己所做事情的对错失去判断力。

亮亮今年 4 岁，是个聪明伶俐的孩子，不过也很调皮捣蛋，经常在家里跑来跑去，弄得身上脏兮兮的。妈妈每天上班，奶奶在家陪着亮亮，而亮亮最高兴的事情，就是每天晚上等妈妈下班。

一天，亮亮看到天黑了，像往常一样等妈妈，当他听到门外愈走愈近的脚步声和同时响起的呼唤"亮亮，亮亮"的声音时，赶忙过去开门。妈妈进了家门，亮亮立刻从旁边搬来一把小椅子递给妈妈。但妈妈向沙发那边走去，没有看到亮亮搬来的小椅子。妈妈在沙发上坐下来，奶奶过来和妈妈说话，亮亮又把小椅子搬来，一个劲儿地说："妈妈，妈妈快坐下。"但是大人说话的声音淹没了孩子的声音，妈妈还是没有听到。这时，亮亮把椅子搬起来直接放到了沙发上。妈妈回过头，看到沙发上的椅子十分生气，她认为亮亮故意捣乱，于是大声责备道："这么脏的东西怎么能放到沙发上呢？赶快拿下去，不然妈妈生气了！"亮亮还在说："妈妈你坐吧。"妈妈更加气愤："你赶快拿走，不然我就再也不让你坐这把椅子了！"亮亮被妈妈吓坏了，伤心地哭了起来。这时，奶奶从厨房走了出来对妈妈说："亮亮今天学了一首歌，叫《我的好妈妈》，所以他才搬来了小板凳，想让你坐在上边好好休息。"此时，妈妈想起刚才亮亮确实对自己说"妈妈快坐下"，只是自己没有看到，所以他才把椅子搬到沙发上，想要引起妈妈的注意。亮亮感到委屈，还在不停地哭。妈妈也为错怪了孩子感到内疚，赶忙把亮亮抱到怀里说："对不起亮亮，是妈妈错了。亮亮觉得妈妈上了一天班很辛苦，所以给妈妈搬来了椅子让妈妈坐。谢谢亮亮！"亮亮脸上这才有了笑容。

父母发现孩子做错事，不要急着批评，有时弄清前因后果会发现事情并非想象的那样。就如同亮亮的妈妈，以为孩子把椅子放在沙发上是故意捣乱，而孩子这一举动却是在引起妈妈的关注。

所以很多时候，我们看到的也许只是表面，并不能反映事情的本质，只有深入分析，弄清原因，才能找到合理的解决方式。如果孩子出于好意而犯错，却遭到家长的批评，那他肯定会认为自己做的好事并不是好事，从而对自己失去信心，以后也不会再做这件事。或是自己明知是好事，但被父母无端认为是错事而遭受批评，于是跟父母赌气对抗，导致双方的关系向不良的方向发展。

为避免出现上述问题，家长在面对犯错的孩子时，先不要急着责备，倾听孩子的解释才是更重要的。

育儿感悟

我们以前在你犯错后，总是不听你解释就急于批评，这是我们的不对。我们过于急躁了，应该先听听你为何做这样的事，站在你的角度上思考，弄清楚你为何会犯这样的错误后，再和你进行探讨，这才是最好的方法。

男孩的错误，可以通过故事来教育

男孩子多动、喜欢探险、四处乱跑，因此他们就总是会犯错，对犯了错的男孩子，父母如果直接指出并责令其改正，效果往往不是很好，如果换一种方式，从侧面教育孩子，孩子可能更容易意识到自己的错误。

让孩子从侧面认识错误的方式有很多，故事教育法就是其中的一种。对于大人来说，运用这种方式教育孩子是简单轻松的，他们只需将孩子身上出现的错误用故事的形式再现，无须责备、生气，孩子会自行领悟。而对于孩子来说，这种方式新鲜有趣，也是他们比较愿意接受的。

故事教育法的方式多种多样，首先它可以用摆事实、讲道理的方式激励孩子。有时候，父母在孩子身上发现一些问题，但由于这些问题并非具体化的，无法用一两句话解释清楚的时候，可以用相同类型的故事或例子比喻，使孩子受到教育。

上小学的吴洋最近有些没精打采，干什么事情都提不起精神来。爸爸问他发生了什么事，他总说没什么，就是觉得自己太笨，不想学习。于是爸爸问吴洋："你知道科学家牛顿吗？"吴洋说："当然知道。"爸爸说："别看牛顿是一名伟大的科学家，可他小时候的学习成绩也不怎么好。我来给你讲讲他的故事吧。"吴洋一听爸爸要讲故事，就认真听了起来。

爸爸说："牛顿小时候出生在乡村，后来去城里念书。但因为那时候他学习成绩不好，所以在同学之中很不受欢迎，尤其受到一个成绩优秀的孩子的歧视。一天，这个学习好的孩子故意找碴儿将牛顿打倒在地。虽然平时牛顿总是忍让，可这次不一样了。这一打，似乎把牛顿的斗志激发了出来，他就想：'你凭什么打我，是因为你成绩比我好，还是身体比我强壮？我可不能再被别人小瞧了，这次一定要赢了你。'于是他站起来就和那个孩子扭打在一起，最终那个孩子被牛顿逼到墙角动弹不得，牛顿赢得了胜利。从那以后，同学们都知道牛顿是个勇敢的孩子，没有人敢再欺负他。而牛顿自己呢？通过那次打架事件，似乎明白了一个道理，那就是人只要有勇气，不认输，敢拼搏，就一定能成功。后来他每天刻苦学习，发愤图强，遇到困难也不肯放弃，最终功夫不负有心人，他的成绩取得了很大的进步。"

吴洋听完故事，似乎意识到自己也和之前那个被人欺负的小牛顿一样，不是自己不行，只是还没有拿出勇气和拼搏精神。此后他不再没精打采，而是认真学习，虽然学习成绩没有像牛顿那样名列前茅，但也取得了不小的进步，还获得了老师颁发的特殊进步奖。

其次，故事教育法可以启迪孩子的心智，让孩子通过一些富有哲理的故事，改变自己的坏脾气和不良个性。人们常说当局者迷，旁观者清。孩子作为当局者，自然对自己的脾气和个性充满着迷茫和不解。作为旁观者的父母，虽然清楚地知道孩子的问题所在，但有时直接讲出来会伤害孩子的自尊。如果用富有哲理的故事间接表达某种意图，既诙谐幽默又委婉动听，孩子在感觉风趣的同时能不知不觉地领悟到其中的寓意。

可可从小聪明伶俐，上了小学后他不仅学习成绩名列前茅，在特长方面也优异于其他同学。他画的国画经常被贴在学校的展示栏里，被来往的家长和学生参观。他还会跳舞、唱歌、拉小提琴，经常被老师选为班级代表参加学校的文艺演出，还收获了不少奖杯和奖状。在老师面前，他是个优秀的学生，在同学面前，他是个值得学习的榜样，所以，可可不免有些骄傲自满，开始飘飘然起来。爸爸发现了儿子的问题，想找机会教育他一下。

一天，爸爸带可可到公园散步，两人坐在绿油油的草坪上，望着蓝天，感觉无比轻松惬意。这时候爸爸说：“可可，爸爸给你讲个故事吧，这个故事很有意思。”可可迫不及待地想听故事，于是爸爸讲道：“这个故事叫《空杯心态》。一天，一名大学教授给他的学生上课，他先拿起一个透明的杯子，用一些大石子将杯子装满，接着问学生：‘你们看杯子装满了吗？’学生看到杯子确实被大石子填得满满当当的，于是回答说：‘装满了。’教授没有说话，接着又拿出一些小石子往里放，这些小石子很快就填补了大石子留下的空隙。这时，教授又问：‘杯子装满了吗？’学生们看到杯子已经被大小石子装满，于是回答：‘满了。’”

可可开始没明白爸爸讲这个故事的用意，只觉得很有意思，就问爸爸：“爸爸，到底满了吗？”爸爸说：“我再接着给你往下讲，一会儿你就知道这个杯子满没满了。教授还是没有说话，他又拿出一些细小的沙子往杯子里放，用来填补小石子留下的空隙，接着又往杯子里灌了半杯水，又问同学们说：‘这次杯子装满了吗？’这回，同学们不敢随便回答，而是个个睁大了眼睛认真观察，等他们确定杯子已经被塞得满满当当，确实没有一点空隙了，便回答说：‘满了。’这次教授依然不动声色，他又拿出一把盐洒进了被装得满满的杯子里，再次问道：‘同学们，杯子装满了吗？’这次，再也没有学生敢轻易回答了，因为他们也开始觉得这个杯子不是那么容易装满的。"

爸爸问可可："这次，你认为这个杯子装满了吗？"可可思考了一下说："哎呀，爸爸，这我可说不好！要是这么看的话，这个杯子是装满了。"可可停顿了几秒钟又说道，"可是，每次那些学生说装满的时候，教授都能再往里边倒些东西，他太神奇了，所以我就猜没有装满吧。"爸爸说："嗯，可可猜对了，这个杯子没有装满。不过这不是因为教授神奇，而是人心很神奇。人的心态就好像这个杯子一样，只要一直认为它是空杯，就能不断容纳和吸收东西。也就是说，我们只有心胸宽广，不骄傲不自满，才能接纳和包容这个世界，才能学到更多对我们有益的知识。"

通过这个故事可可明白了：人要是骄傲自满就会停止进步，只有谦虚谨慎，才能不断进步。此后他渐渐改掉了骄傲的毛病。

一个有智慧的妈妈或爸爸，在发现孩子错误的时候，不会指责，也不会生搬硬套讲一堆大道理，而是会给他们讲述一个意义深刻的故事。当孩子听完故事，会不由得与自己对比，并渐渐改善自己的不足之处。

育儿感悟

故事教育法不仅让你更愿意听道理，同时也更愿意接受我们为你指出来的问题。相信这几年你也发现了，每次你犯错时，我们都是通过故事来告诉你问题出在哪里，你该如何改正。这样的方式你说你很喜欢，既让你明白了道理，也不觉得枯燥乏味。听你这么说我们很欣慰。希望你真的能从故事中总结经验，明白其中的道理，以后不再犯相同的错误。

第五章

**控制情绪，男
孩不能被负能
量束缚**

男孩都有急躁的一面，让他们学会冷静看待

小承最近很苦恼，因为他与周围同学的关系不融洽。小承知道自己的缺点是一遇到事情就容易急躁，在与别人交流的过程中，略微不合自己的心意就表现得不耐烦。为此，很多同学都不喜欢和他相处。小承感到很孤独。

小承从小就是急性子，还比较任性，他想要什么就要马上得到，不然就哭闹。在小学时，他学习比较好，有些同学向他请教问题。一开始他很乐意给别人讲解，然而当他讲完一遍同学还不明白时，他就没有耐心了，烦躁地说："怎么还不懂呢？不就是这样的吗？"后来，同学们都不向他请教了。在和其他同学讨论问题的时候，别人的思维稍微慢一拍，他就说："不说了，急死我了，你们看着办吧！"

在日常生活中，小承也是如此，做事常常丢三落四，显得异常匆忙。上学或放学的路上，他也总是行色匆匆，有好多次忘记锁车。时间久了，大家都知道了他的急脾气，慢慢地远离他。虽然他有些时候能够表现出热心待人的一面，但大家还是对他避而远之。

急躁是男孩常出现的情绪反应之一。急躁的男孩会有以下表现：做什么

事情都想急于求成，又没什么准备计划，当遇到困难时格外烦躁；在等待未知的消息时，总会显得坐立不安；和他人发生矛盾时特别容易冲动；在学业上的表现是好高骛远，急功近利，但又不想付出努力，经过一段时间后看成绩没有起色，就放弃了。

小化的脾气特别急。有一次，妈妈让他去买酱油，话还没听完，他就一边嚷着"知道了，知道了"，一边跑了出去。可他走到半路才想起来自己忘带钱了，于是只好回家。回家拿了钱出来，在半路上他又想不起妈妈到底让他买哪个牌子的酱油，只好又返回家去问妈妈。小化的急躁不仅表现在生活方面，在学习上也同样如此，平日不肯用功，每逢考试前两天就临阵磨枪，但这样总不能达到预期的效果。爸爸妈妈都替他着急，这孩子什么时候能变得从容一点儿？

人们产生急躁的情绪，与对问题的认知有关。当人们意识到问题的严重性时，急躁心理就应时而生了。人之所以表现出心神不安和情绪紊乱的状态，正是由急躁所致。如果急躁情绪支配了一个人做事的态度，那么这个人想要取得成功是很困难的，久而久之，自信心也会因此消耗殆尽。

一般而言，男孩有急躁情绪，既有自身的原因，也有受环境影响的原因。

有的男孩急躁，是本身气质类型决定的。胆汁质类型的人容易急躁。那些充满着必胜的信念和进取心的人往往是胆汁质类型的，试图超越所有人，学习或工作比较勤奋，自觉性强，总是觉得时间非常紧迫，从而表现得急躁。胆汁质类型的人往往智力较高，能力较强。

男孩缺乏克服困难与挫折的能力也会表现出急躁的情绪。有些男孩在做一件时上常常表现出极大的兴趣和热情，可是，当遇到困难和挫折，例如，由于知识的欠缺或是其他原因，学习不得要领而导致失败，他们的兴趣也随之减弱。不久，其他事物又引起了他们的兴趣，一旦遇到挫折，又会面临失败。如此反复，由于缺乏应对困难和挫折的能力，孩子遇事就会烦躁不安。

另外，受到父母的溺爱也容易产生急躁心理。有的父母凡事亲力亲为，不让孩子插手，久而久之孩子就养成了依赖父母的习惯，一旦脱离了父母的帮助，他们将无所适从。如果在生活和学业方面遇到不顺心的事情，孩子就容易产生急躁的情绪。

嘈杂的生活和学习环境也是导致男孩产生急躁心理的原因之一。如果男孩长期处于嘈杂的环境下生活和学习，怎么能静下心来学习呢？长此以往，产生焦躁的情绪也在所难免。

男孩的急性子往往给他们的学习、生活带来不利的影响。父母要正确地引导，帮孩子消除急躁情绪。

要让男孩认识到急躁情绪的危害。父母应告诉孩子，不管做什么事都要注意过程，切忌急功近利，"欲速则不达"，并结合孩子以往因急躁而失败的例子讲解，使孩子认识到急躁的危害性，在情绪没有稳定时不采取行动。要让孩子学会遇事冷静的心态，做事之前认真思考，做好准备和计划等等，建议他们多给自己提问题，这样会使头脑冷静下来。

父母还要培养男孩良好的行为习惯，增强孩子的自制力。在日常生活、学习中，加强对孩子良好行为习惯的培养，有规律的生活秩序、有条理的处事习惯，有利于帮孩子克服急性子毛病。

按计划行事，会让孩子做事情有明确的目的，有利于孩子克服急躁情绪。父母应该要求孩子在做事情前制订好计划，明确行为目的，按计划内容做事。

父母应该教孩子自我暗示，教育孩子当遇到急躁情绪困扰自己时，就默默地对自己说："冷静解决问题，急躁无法解决问题。"与此同时进行深呼吸。

育儿感悟

修身养性可以调节一个人的情绪。对孩子而言，调节情绪最好的方法就是努力去提升自己的修养，这能有效改善自己急躁的情绪。我们一直指导你练习绘画、书法等需要耐心的活动，希望这些活动可使你培养耐心和韧劲，提高思想内涵，逐渐养成遇事不急躁的好习惯。

进入青春期，遏制男孩冲动的行为

最近不知道怎么了，总是想发脾气，看什么都不顺眼。爸爸妈妈批评我几句，我就想咆哮着回应；同学弄坏了我的东西，我就想骂他两句；老师说我一句，我就想顶回几句。我就是看不惯，父母说我是个"火药桶"，靠近就会爆炸。其实我也不想这样，可我就是控制不住。

这是高二男孩张晓军在网络日志里写的一段话。

不少男孩都有张晓军这样的困惑，他们也不知道自己怎么了，就是看到不顺眼的事情就想骂几句，遇到自己不顺眼的人就想给他两拳。虽然事后也会为自己的冲动行为感到后悔，但是到了下一次，还是控制不住自己。难道伴随着年龄的增长，男孩都会越来越冲动吗？对此，父母也大为不解。

一位青春期男孩的母亲说："前几天，因为一件很小的事情，儿子就和我们大吵了一架。看他那架势，好像把我们当成了不共戴天的仇人。类似的现象经常出现，我们也不知道哪里惹到他了。一会儿嫌我们管他太多，一会儿又怪我们不理解、不支持他，怎么男孩越大越难养啊？"

为什么进入青春期的男孩容易愤怒，容易做出冲动的行为？是不是青春期的男孩在无理取闹呢？当然不是，任何一种情绪表现的背后都是有原因的。

青春期的男孩容易愤怒，容易冲动，这与他们体内的雄性激素分泌旺盛有关。另外，进入青春期后，男孩的自尊心变得更强，他们更注重"面子"和自己的"地盘"。如果有谁撞了他们一下，或瞪他们一眼，或者抢走了属于他们的"东西"，他们就会觉得这是没面子的事情，就会猛烈地还击，以证明自己的强大。

当然，这也与青春期男孩不善于解决人际冲突有很大的关系。他们认为解决人际关系矛盾的最好方式就是"武力"——不服就来打一架，谁打赢了谁就是对的。在这种错误观念的影响下，男孩自然容易愤怒和冲动，甚至表现出攻击性。

那么，父母应该怎样缓解男孩的愤怒和冲动呢？

1. 在孩子情绪即将爆发时喊"停"

男孩进入青春期之后，容易变得暴躁和冲动。面对男孩的这种表现，父母最错误的应对方式是针锋相对、以暴制暴，明智的做法是孩子越是冲动易怒，父母越要冷静平和，不急不躁，克制自己的情绪。同时，在孩子情绪即将爆发时，及时喊"停"，等孩子的情绪平和下来后再与孩子沟通。

李兴的家里有一个不成文的规定：任何一个人情绪激动，都不允许说话。例如当李兴想要发脾气时，父母就会马上喊"停"。然后，让李兴保持沉默，或去洗个冷水脸，或做几次深呼吸，或去阳台上看看外面，或到楼顶上大声喊出来。

通常在这个时候，家人不会问李兴情绪激动的原因。等李兴情绪稳定了，父母再鼓励他说出原因。通过这种方式，李兴愤怒的情绪总能及时得到控制，避免做出冲动的事情。

此外，当孩子愤怒的情绪即将爆发时，父母还可以教孩子进行自我暗示。例如，对自己说"现在我要冷静一下"。然后再和孩子耐心沟通，鼓励孩子把不良情绪发泄出来。经常这样做，孩子就能更好地控制不良情绪，避免冲动。

2. 引导男孩想象"冲动"的后果

一天，儿子放学回来生气地说："妈妈，我真想把楼下的车砸了。"

"怎么了？"看着儿子气愤的样子，妈妈放下手头的事情，很认真地问。

原来，儿子放学骑车回家时，在小区遇到了堵车，儿子身后的一辆小车频繁地按喇叭催促，这让他特别恼火。

妈妈说："可能对方有急事吧，不然也不会那么着急。"

"有急事也不能那样按喇叭，堵车了按喇叭也没用啊！真想砸了他的车！"儿子愤愤地说。

"是的，确实挺招人烦的。可你把他的车砸了，会有什么后果呢？"

"他可能会打我，还会让我赔钱修车。"儿子说。

"是啊，别人可是成年人，可能会把你打伤的，这会耽误你学习，是不是很不值？"妈妈问。

儿子沉默了几秒，说："是啊，太不值了，我才不跟那种人计较呢。""这就对了，遇到这种事情，你就要有这种不计较的心态。"妈妈笑着说。

青春期的男孩很容易因为一时冲动做出错事、傻事，甚至做出一辈子后悔的事情。为了避免这种悲剧的发生，父母可以在孩子愤怒、冲动的时候，引导孩子去想象冲动可能造成的后果。通过后果的严重性来影响孩子，使孩子认识到冲动是愚蠢的，是不值得的，从而克制自己的不良情绪。

育儿感悟

　　我们很怕你成为一个冲动的孩子。你要明白，冲动之下做出的事情，往往是会让你后悔的事情。你以后遇到什么令你愤怒的事时，先深呼吸，想想如果你这样做了会有什么后果，不这样做又会如何。你在思考的过程中就会使自己冷静下来。

面对胆小的男孩，不要总说他"没出息"

每个父母都希望自己的孩子勇敢些，但总有些男孩胆子很小。有些男孩怕黑，有些男孩怕"鬼怪"，有些男孩怕独自在家，有些男孩只要父母不在身边就会感到不安。这种恐惧心理会影响到孩子个性的发展，使孩子缺乏独立性，甚至会导致孩子出现某些心理障碍。

10岁的林林每晚睡觉都要钻到爸爸妈妈的床上。他总是说一个人睡觉害怕，还说房间有"怪物"。看看别人家10岁的男孩，早就已经独自睡觉了，可自己的儿子却怕黑、怕"鬼"，这让林林的爸爸妈妈伤透了脑筋。

有一段时间，林林在爸爸妈妈的鼓励下终于敢一个人睡觉了。可是有一天晚上打雷把林林从睡梦中惊醒了，吓得他再也不敢一个人睡觉了。后来，爸爸妈妈给林林买了一本自然科学的书，给他讲闪电、雷的形成原理。林林认识到打雷并不可怕，又敢独自在自己的房间睡觉了。

面对孩子胆小的行为，有些父母会随口说道"真是个胆小鬼""没出息"。这种做法不仅无法改变孩子胆小的现状，反而会加剧孩子的恐惧心理。正确的做法是，父母先安抚孩子的情绪，对孩子的恐惧心理表达理解。然后，再进行耐心的劝慰和解释，这样孩子才更容易相信父母，继而缓解恐惧心理。

此外，要想彻底消除孩子的恐惧心理，父母可以借鉴以下几种方法：

1. 教孩子运用暗示来化解恐惧

暗示的力量是强大的，家长通过积极的暗示，可以帮助孩子赶走恐惧感，扫除内心的阴霾。比如，当孩子说"我感觉晚上不安全""半夜里可能会有危险""我害怕在外面露营"时，家长可以这样告诉孩子："是的，很多人都会觉得露营是件可怕的事情。恐惧的大脑正在用暗示来欺骗你，你害怕是因为你有这样的想法，而不是露营这件事真的可怕。如果你不去想，那你就不会害怕。比如，你想一想蓝天白云，想一想沙滩草坪。"

2. 教孩子根据事实来评估风险

做一件事有多大的风险？这种风险自己是否能够应对？如果孩子没有搞清楚这个问题，那么产生恐惧情绪就是必然的。因此，父母有必要教孩子正确评估风险。

通常来说，评估风险要看事实，而不是个人感觉。举个简单的例子，孩子认为如果自己独自在家，就会有坏人入室作案，这让他感到非常恐惧和害怕。你可以问他："要不我们做个测试，看看你所想的是否会发生？"让孩子独自在家待半天，你去超市买东西，看看孩子有怎样的感受。

通过实验，孩子会发现：所谓的恐惧完全是源于自己内心感受，而不是事实。有了这样的经历之后，相信孩子就不会轻易拿自己的主观感受来评估风险，然后陷入毫无必要的恐惧情绪当中了。

3. 用"怎么可能"来替代"多可怕"

当孩子遇到一件事时，他会想到"多可怕"，越想就越恐惧，越想就越不敢行动。如果父母能及时引导孩子用"怎么可能"来替代"多可怕"的念头，那么结果就会大不一样了。

例如，孩子认为坐飞机很危险，如果飞机坠机了是多可怕的一件事。如果不希望孩子被"多可怕"的念头占据内心，那就让他想想"怎么可能"——怎么可能会坠机呢？每天有那么多飞机在空中飞来飞去，坠机的可能性有多大呢？所以担心是多余的。

总之，当发现孩子存在恐惧心理时，父母要及时和孩子沟通，通过以上几种策略，帮孩子化解恐惧心理，给孩子一个阳光心态。

育儿感悟

有时男孩子胆小，父母就会说孩子"没出息"。每次看到这样的家长时，我们都希望和他们进行沟通。男孩子也可以内向，也会有胆小的时候，为何这样的孩子就算是没出息了呢？而且，总这么说孩子，只会让孩子更加内向、更加不愿意与人交流。

控制男孩子的暴脾气，莫养成打人的习惯

男孩子在和小朋友玩的时候，可能因为争抢玩具而动手打人，对于这种行为，父母不能视而不见，一定要及早帮孩子纠正。

打人是一种攻击性行为，往往会在孩子三四岁时表现出来，换言之，三四岁孩子的特点之一就是打人。父母千万不要认为这个年龄段的孩子本该如此，就随他们去吧，反正过了这段时间就会变好。其实，孩子就好像小树苗一样，虽然每到一定时间，枝干树叶都会长大一些，但要想长成参天大树，不从小修修剪剪是不行的。

孩子动手打人的原因多种多样。他或是想达到某种目的，但又不会表达；或是管理不好自己的情绪，缺乏同情心，喜欢看别人被打后难过的样子；或是曾在电视上看到过打人的镜头，不自觉地模仿；或是孩子刚学会打人的时候，父母没有及时阻止他的行为，令问题变得严重了；也或是孩子希望引起父母的关注等。但不管出于什么原因，打人始终是一种坏毛病，一旦形成习惯，再改正绝非易事。

孩子打人成自然，很容易产生暴力倾向。据研究证明，孩子3岁时喜

欢打人，5岁时这种行为依然存在。如果在6～10岁这个年龄段仍然打人，其打人的轻重程度将影响他在10～14岁之间与他人争斗的严重程度。这一点不仅适用于男孩，同样适用于女孩。并且，如果孩子小时候的攻击性行为没有得到制止，长大后和身边的人相处时也会带着这种攻击性行为，不但不利于人际交往，严重的甚至可能引发犯罪。

程程小时候是个非常霸道的孩子，他不允许别人碰他的东西，只要哪个小朋友到他家做客，拿起他的玩具，他便会立即走过去一把抢走，然后再打那个小朋友几下作为惩罚。到后来事情愈演愈烈，一旦别人碰了他的玩具，如果两人离得近，他就会伸手打过去，如果离得远够不着，他就会随便拿起身边的东西朝别人砸过去。

有一年春节，亲戚朋友到程程家里拜年，程程的姨妈看到地上放着的木马很有意思，便想摸摸，结果还没等她摸到，就被一旁的程程看见了。程程很生气，一句话不说就跑过去重重给了姨妈一拳。姨妈以为程程耍小性子，就跟他说："程程，姨妈没见过这样的木马，就摸一下好不好？"程程更生气了，拿起身边的小板凳向姨妈砸去。姨妈被这突如其来的状况吓呆了，家里其他亲戚也都惊呆了，他们都说这孩子太可怕了，还是离他远点吧。

其实，程程在一两岁的时候也是十分乖巧的，只是偶尔会发脾气。刚开始他生气时会打妈妈、爷爷、奶奶。奶奶的想法是"程程的爸爸太老实，走上社会后总是吃亏，就因为从小被管教得太严"，所以他们要培养程程从小就霸气一些，不能再被人欺负。

按照这种培养理念，每当程程打人的时候，家人不但不会阻止，还会边笑边说："我们程程就是比爸爸厉害。"即使后来程程打人的情况变得严重，家人也只是一笑置之，甚至还会开玩笑对他说："你这么厉害，别人都会怕你的。"程程听后感到很得意。

现在程程已经 10 岁了，他不论去哪儿，只要脾气一来，就会动手打人，结果小区里没有孩子愿意跟他玩，他家的亲戚朋友也不敢轻易到他家串门。程程越来越自闭，经常自己待在家里不愿意出门，即使出门也难改自己的脾气。

可见小时候的攻击性行为，会对人的一生造成影响。因此，当父母发现孩子打人的时候，首先要让他们意识到打人是一种不好的行为，特别影响人与人之间的情感。父母可以说："你打别人就像别人打你一样，都是不被人喜欢的，这样是交不到朋友的。"其次，还要弄清楚孩子打人的原因，并尝试以下几种方式帮助孩子改变。

1. 当父母被孩子打了的时候，千万不要一时气愤再打回去

父母最好先把孩子放在一边不去管他，让他冷静一下，等孩子哭闹完了之后再跟他讲道理。父母要告诉孩子你们是很爱他的，但是记住，话千万不能说得太多，点到即可，让孩子自己去体会。

2. 当父母发现孩子打人时，不能对他微笑

这时，要对他表现出父母应有的威严，让他明白这种行为是不被父母接受和认可的。如果父母把孩子打人的现象当作一种娱乐，认为孩子生气是件好玩的事情，会在很大程度上助长孩子的威风，这样孩子很难改变。

3. 防止孩子养成打人的习惯

父母先要为孩子营造良好的家庭环境。如果孩子打人，父母一方要立即抓住孩子打人的手，用严肃的语气和坚定的眼神警告他"不可以"。如果孩子继续打人，再次重复这样的动作并告诉他"不可以"。

蒙阳 2 岁半的时候喜欢抓妈妈的眼镜。但是妈妈认为将眼镜从别人脸上抓下来是一种不好的行为，便制止了他。蒙阳再次尝试，又被妈妈制止了，他很愤怒，便伸手打了妈妈。妈妈抓住他打人的那只手用坚定的语气说："阳阳，不可以这么做。"然后稍稍用力打了蒙阳的手一下。当时蒙阳以为妈妈在跟他玩耍，再次伸手准备打妈妈。这时，妈妈再次抓住蒙阳伸出来的手，坚定地告诉她："不可以这样做。"并又一次稍微用力打了他的手。这一次，蒙阳从妈妈的表情中看出，他们不是在做游戏，而是妈妈真的生气了，于是他便安静了下来。

4. 当孩子的打人行为有所改变时，父母应该及时给予鼓励

父母给予鼓励的同时要以热情的态度回应他，孩子受到激励，自然会意识到什么是好的行为，什么是不好的行为，继而使好的行为得到强化，并促进积极情感的发展。

育儿感悟

孩子身上的任何坏习惯都是一点一点养成的，身为父母，要及早尽到纠正的责任。我们一直很认真地和你相处，希望多了解你的优点和缺点，并尽量从尊重你的角度去处理问题。我们希望能够帮你改掉身上的坏毛病，让你更健康茁壮地成长。

当男孩有情绪时，给他们一个释放的空间

当男孩因为情绪不佳、气愤、不满而哭闹的时候，多数家长会感觉烦躁不已，于是说出"别哭，再哭就把你关到小屋里"或是"再哭我就打你了"之类的话。这种语言虽然制止了孩子的"坏脾气"，但却未起到缓解作用。

其实，每个人遇到不开心的事都会闹情绪。成人心理承受能力强，也想找个机会发泄，更不用说心无城府的孩子。孩子发脾气，大多因为他们的需求没有得到满足。另外，他们年纪尚轻，心智不够成熟，不可能像成人一样可以自我开导，也就不可能很快调整好自己的心态。如果长时间不能宣泄情绪，而是将其深埋起来，这会对孩子的身体和心理造成不良影响。

小哲已经3岁了，但他一年里的大多数时间都跟妈妈待在一起，只有到了节假日，爸爸才能陪伴在他身边，因为爸爸的工作地点在另一个城市，不方便经常回来。平时，小哲的妈妈对小哲管教特别严厉，该他做的事情会让他去做，不该他做的坚决不会妥协。妈妈之所以对他要求如此严格，是因为她担心小哲长期和女性生活在一起，长大后会缺乏男子汉气概，她希望未来的小哲是独立而坚强的。

小哲刚会走路的时候没少摔跤，可是每次妈妈都不会去扶他，而是鼓励他自己站起来。如果小哲摔得重了，大哭起来，妈妈会立即说："不要哭，你是男子汉，可不能随便掉眼泪。"但小孩子疼痛的时候，哪管那么多，他仍旧哭。接着，小哲的妈妈就会十分气愤地说："不要哭了，再哭我真的生气了。你是个男孩子，如果轻轻摔这么一下都受不了，以后怎么做大事？把眼泪收起来！"小哲见妈妈生气了，感到害怕，于是不敢放声大哭，只得轻轻抽泣，再过一会儿就安静了。妈妈认为自己的"男子汉培养法"见效了。

可是，当小哲越来越大的时候，妈妈感到困惑了，她分明已经把小哲训练成了男子汉，可小哲却在很多方面表现得很懦弱。例如他3岁的时候上了幼儿园，每天不停地哭，开始妈妈认为他刚到一个新环境，有个适应过程也正常。可是一个多月过去了，其他新入园的孩子都已经和老师、小朋友亲近了不少，大家玩得很愉快，可是小哲依然一进幼儿园大门就哭。老师安慰他不管用，小朋友跟他玩他也不理不睬，就连饭都吃不下去。老师问他为什么哭，他说想妈妈了。此时，小哲的妈妈仍然采取"男子汉培养法"，任凭其哭泣也不妥协，每天坚持送孩子到幼儿园。后来小哲因为哭得厉害得了哮喘，妈妈没办法，只好每天让他上午去一会儿幼儿园，吃过午饭就接回家，自己的工作也受到了影响。不仅如此，小哲的身体越来越差，现在稍微受到风吹日晒就生病，妈妈为了照顾他，每天疲惫不堪，再不敢用"男子汉训练法"对待他了。

小哲在妈妈的"男子汉训练法"下，不但没有变坚强，反而越发脆弱，这是因为他的负面情绪长期受压制，没有机会宣泄。对于一个幼小的孩子来说，哭是宣泄情绪最好的方式。然而小哲的妈妈为了培养其男子汉气概，强行剥夺了孩子哭的权利。当小哲摔倒了，感到疼痛的时候，他会大声哭泣，因为疼痛是一种真实的感觉。可是每当妈妈以"男子汉不该觉着痛"的说法否定小哲的感觉，小哲担心妈妈生气，只得强行将情绪收起来，时间一长，他就怀疑当初的疼痛感是否真实了。

其实孩子的哭声虽然被压制了，但内心不好的感受依然存在，等到下次再碰到这样的事情时，他依然会哭，因为尽管在哭泣的时候会遭受妈妈的责备，但这在孩子眼中也是一种关注。为了更多地引起妈妈的注意，孩子就会依赖哭泣，这种行为一旦形成习惯就很难改变。

很多孩子为什么会有心理疾病或者是性格不招人喜欢，就是因为他们平时遇到事情的时候，没有及时发泄情绪，因此会感到郁闷、委屈，对周围事情持怀疑态度。可见，孩子在成长路上会遇到很多事情，父母一定要认真观察并保持耐心，看到孩子发脾气尽可能地给他们机会，给他们时间，让他们在合理的条件下尽情宣泄，只有这样，孩子才能快乐健康地成长。

小雨是个十分淘气的男孩子，他经常上蹿下跳，让妈妈费心劳神。一次，小雨和同住一个小区的小伙伴一起玩传球，球好不容易传到他这边，他还没拿稳，就被旁边的小朋友童童一把抢了去。小雨脾气倔强，哪能就此善罢甘休。他怒气冲冲地走到童童面前，伸手准备把球抢回去。结果球没抢到，反被那个小朋友用力推倒在地上。小雨这一摔倒，再也忍不住了，坐在地上放声大哭，这哭声中有委屈也有疼痛。一旁的邻居都劝小雨的妈妈说："快抱起孩子吧，别让他哭了。"妈妈走了过去，坐在小雨旁边，轻轻把他抱入怀里安慰着，小雨是边哭边说："童童是坏蛋，我不喜欢他了，以后再也不跟他玩了。"大约过了十分钟，小雨慢慢平静下来，这时候妈妈问他："小雨，童童刚才不是故意的，你现在还和他玩吗？"小雨思考了一下，又和小伙伴们高高兴兴地玩了起来。

为了避免孩子被不良情绪困扰，父母最需要做的不是用过激的语言或行动阻止他们，而是给予其机会，让他们适当地宣泄情绪。等孩子将情绪全部释放之后，父母会发现孩子心情平静了不少，之前还不太理解的事情，一下就能够看明白了，而且还变得更为宽容，心胸更为坦荡。

育 儿 感 悟

孩子，你处在青春期，脾气可大呢！有时候连续几天你都是带着情绪回的家。但我们知道，每个人都会有情绪不稳定的时候，我们不会用过激的言语和行动阻止你，而会多给你机会，把情绪宣泄出来。待你的情绪完全释放后，我们发现你能够自己恢复平静，脸上又出现了笑容。

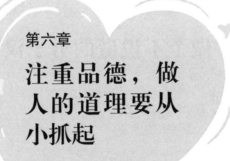

第六章

**注重品德，做
人的道理要从
小抓起**

培养诚信，做个不说谎的男子汉

孩子调皮就容易犯错，犯错后，为了避免责罚，就容易说谎。大多数父母看到孩子说谎后都会生气，特别是当孩子说出的话已经明显不真实，但他们依然在自圆其说，例如将酱油瓶打翻了，弄得全身黑乎乎的，却偏偏要将错误归咎于小猫、小狗，父母为此常常会暴跳如雷。

在这之后，孩子将面临一场灾难，父母不是将其痛骂一番，继而逼问原因，就是怒打一顿作为惩罚。父母做出这些行为，很可能是一时控制不住脾气，但更大原因是他们认为，只要给孩子点颜色看看，孩子就一定能改邪归正，从此不敢说谎。

可是，父母以这种方式阻止孩子说谎真的有效吗？孩子真的会在打骂之中屈服吗？尽管一些孩子畏惧父母的权威，日后不得不小心翼翼地说话，但也不排除有些孩子为避免受到父母更加严厉的惩罚，又编造另一个谎言来欺骗父母。

特特从小就是个听话的乖孩子，但就是学习不好，每次期末考试后，当他拿回考卷让父母签字的时候，都免不了会遭受父母的一顿数落。

父母为帮助特特提高学习成绩伤透了脑筋，他们不但在平时给孩子找家教上门一对一辅导，还在周末给孩子安排了各种课外辅导班。特特每天忙着学习，没有一点儿空闲时间，他感觉十分苦恼。

一天，特特的妈妈问："特特，你觉得最近补课效果怎么样？作业都会做吗？老师讲的知识能听懂吗？"特特说："作业都写得很好，老师讲的知识也都理解了。"妈妈认为果然是功夫不负有心人，特特学习进步了。过了几天，妈妈又问："特特，这一阵你觉得学习怎么样？是不是比以前轻松了很多？"特特回答："嗯，是的，老师还夸奖我呢，说我进步不小，还让同学向我学习。"妈妈听了特特的话十分高兴，她以为再过不久自己的孩子就能名列前茅了。

可是没过多长时间，特特的妈妈就接到班主任张老师的电话，请她到学校里来一趟。特特妈妈十分高兴，以为张老师肯定要对特特的进步大加夸赞。等她到了学校才知道，事情完全不是她想象的那样。

当张老师拿出特特最近的一次测验试卷说特特没有一门课程达标的时候，特特妈妈都傻眼了，她怎么也不相信近来常称自己进步不小、被老师夸奖的儿子竟然科科不及格。特特妈妈赶忙向老师了解情况。老师说特特有很长一段时间上课不认真听讲，还经常打瞌睡，并询问特特妈妈是不是特特平时做作业做得太晚了。特特妈妈被老师这么一问，感觉又气愤又羞愧。

回到家之后，特特妈妈用严厉的语气质问特特："你这几天在学校好好听课了吗？"特特不明真相，还是像以往一样沉着地回答："好好听了，老师讲的都记住了。"特特妈妈气愤不已，上去就打了特特一巴掌："睁着眼睛说瞎话。我刚从你们学校回来，你看看你的成绩，还敢说上课认真听了？我问你老师讲的知识你都听明白没有，你每次都说听明白了，你进步了，你为什么要说谎？"特特难过地说："我并不想说谎，可是你和爸爸对我期望太高了，给我报各种辅导班来提高我的成绩。可是我很想玩，我也想过得轻松一些，而且，我真的不想再因为学习的事情被你们打骂，所以只能欺骗你们了。"特特妈妈听了特特的话沉默了。

每位父母都希望自己的孩子天真无邪，诚实可信，而每个孩子也并不是天生就会说谎的。对于孩子来说，诚实意味着犯了错误敢于承认，不欺骗别人，不让别人对自己失去信心。但为什么还是有那么多的孩子习惯在父母面前说谎呢？

孩子说谎，不外乎以下几种原因：有些孩子是因为担心遭到父母的惩罚；有些孩子则想取悦父母，成为父母心中的乖孩子；有些孩了希望得到父母的夸赞和认可；还有些孩子是因为对现实情况和幻想分辨不清，将说谎当作说故事。但不论孩子出于何种原因说谎，父母都应该认真思考，并反思自己。

当孩子说真话时，很可能会受到不必要的惩罚。例如一个 4 岁的孩子说他不喜欢奶奶或是姥姥了，多数情况下会遭到父母的责骂。其实对于年龄幼小的孩子来说，喜欢谁或不喜欢谁，实际上是在真实地表达自己当时的情感。当父母听到孩子说不喜欢长辈之类的话，就觉得孩子不孝敬，叛逆心重，于是开口责备，甚至采用暴力手段苛责。有些孩子受到严厉惩罚，明白了这种表达真实想法的话不能说，只得说些违心的话。而孩子的谎话说多了，父母又认为自己不被孩子尊重和认可，继而更为严厉地指责孩子，两代人之间的代沟就这样一点一点地加深，以至于双方之间失去信任。

苏联教育家马卡连柯曾说："'诚信做人'不是天上掉下来的，而是在家庭中养成的。在家庭中也可以教养出不忠诚老实的人，这完全取决于父母的教育方法。"可见，父母的教育方法对孩子来说最为重要，如果父母在教育孩子的过程中滥用职权，并不关注孩子真实的想法，孩子则很难和父母真心相对。

要想让孩子从小养成诚实可信的习惯，父母则要从以下几个方面来教育孩子。

1. 家长要以身作则，不可随便说谎

日常生活中，孩子的行为习惯多半源于父母。如果父母诚实守信，为孩子起到了表率作用，孩子则很容易养成诚实的品质。例如父母在路边捡到东西，尽全力将它归还给失主，而不是据为己有；又或者父母犯了错误，被孩子发现，勇于向孩子说出实情，孩子则能传承父母的优良品质。

2. 孩子犯错，父母理智对待

人无完人，大人也会犯错，更何况是孩子。孩子犯错，可能由于年幼无知，也可能因为自制力差，对此父母切记不可打骂，也不要逼迫孩子承认。因为一旦逼迫过度，容易引起孩子的逆反心理，孩子更不愿承认错误。所以，父母首先要以温和的态度面对孩子，其次鼓励孩子说出为什么犯错。当孩子感受到父母的关心和爱护，就会信任父母，亲近父母，自然会向父母敞开心扉。

这学期，小宇升到幼儿园大班了，他跟妈妈说："妈妈，我画的《小蝌蚪找妈妈》很好看，被老师贴到展示墙上了。"妈妈听后很高兴，不停地夸小宇乖。但是等开家长会的那天，妈妈在幼儿园的展示墙上并未找到小宇画的画。她问了老师之后才知道，小宇的画根本没被贴出来。妈妈很生气，回家后质问道："你为什么要说谎？你的画根本没有贴到展示墙上。这样说出来，你不觉得脸红吗？"小宇见妈妈生气了，虽然很紧张，却瞪着妈妈没有

说话。

过了一会儿，妈妈自觉情绪不对，赶快用温和的语气问道："小宇，你为什么要对妈妈说你的画被老师贴到展示墙上了？你一定有自己的原因吧。你能不能跟妈妈说一说，妈妈保证听了不会生气。"小宇这才对妈妈说："其实我就是想让妈妈高兴一下。"妈妈听了心中很不是滋味，她意识到平时给予小宇的情感关注太少了，并下定决心以后一定要与孩子多交流。

3. 孩子有心愿，父母要合理满足

很多孩子说谎多半是因为父母无法满足他们的心愿。例如孩子想到公园玩耍，父母答应了周末带他去，可是因为工作繁忙就忘记了和孩子之前的约定。孩子期盼已久的心愿落空，为达到目的，只得说谎，例如孩子对父母说"老师周末让我们一定要去公园观赏春天的景色，下周要写作文"等。父母一般视老师的话为圣旨，于是乖乖带着孩子去了。一旦孩子通过说谎的方式实现了愿望，久而久之就会养成说谎的习惯，父母对此应该提高警惕。

4. 发现孩子说谎，父母一定要及时纠正

如果孩子说谎被别人识破，父母不能为维护面子，包庇孩子的错误，更不能过分指责，而是要耐心地找出孩子说谎的原因，帮助他们改正。父母要用正确的方式教导孩子，只有这样，孩子才能做一个诚实守信的人。

育儿感悟

谎言终究会被戳穿，也许谎言能给你带来一时的满足，能让你逃避父母的责骂，但是总有一天父母会知道真实的情况。与此同时，你也许会失去父母对你的信任。在这个世界上，对于每个人而言，最重要的就是诚信。哪怕是孩子与父母之间也需要建立信任，这样才能更加顺畅地沟通。

言传身教，才是最好的品德教育

记得有这样一则公益广告——一位母亲带着真诚的微笑为她的母亲端来一盆热水，缓缓蹲下轻轻地为母亲洗脚。这位母亲和她的母亲的脸上都洋溢着幸福的微笑，因为她们都觉得温暖。一个年幼的男孩在一旁，静静地看着眼前的一切。然后，男孩同样泼泼洒洒地为自己的母亲端来了一盆洗脚水。当男孩稚嫩的脸上挂满汗珠，并喊出"妈妈，洗脚"的时候，我们都感动了。

是呀，言传身教才是最好的教育。随着生活水平的提高，很多孩子得到了父母、爷爷奶奶、叔叔阿姨等无穷无尽的关爱。看着公园里的一对对老人慈爱地看着自己的后代们，他们为孩子献出了全部的爱心。那么，反过来呢？孩子对这一切，懂得感恩吗？

主持人问："谁能回答我，你们的爸爸妈妈记得你们的生日吗？"

孩子们异口同声地答道："记得，爸爸妈妈从来都没有忘记过我们的生日。"

"哦，那么爸爸妈妈都怎么给你们过生日呀？"主持人又问道。

这一次，答案却是五花八门了。有的小朋友说"给我买了一个大生日蛋糕"，有的说"带我去游乐场了"，还有的说"给我买了一个芭比娃娃"，等等，孩子们的生日礼物可以说是样式繁多，家长们也是挖空心思带给孩子快乐。

接着，主持人故意咳嗽了一声，问道："哪位小朋友知道自己爸爸妈妈的生日是哪天呢？"这个问题一出，场上顿时鸦雀无声。孩子们你看看我、我看看你，谁也回答不上来。看到这一幕，场下刚刚还欢声笑语一片的家长也都安静下来了。

"孩子们，父母给了你们最真挚的爱，他们养育了你们，为什么你们连他们的生日都记不住呢？难道你们只知道一味地享受父母的关爱，而不知道感恩、不懂得回报吗？小乌鸦尚且懂得反哺老乌鸦，聪明伶俐的孩子们，你们又做了些什么呢？"说着，主持人转过身来，面对着台下的父母，意味深长地说道："家长朋友们，孩子们今天的表现你们满意吗？对于孩子们的行为，你们又该负何种责任呢？"

教会孩子感恩，让孩子成为一个心中有爱的人吧，家长不要再犹豫了，正如前面提到的公益广告——传承是最好的教育方式。

那么，身为家长应该如何做呢？

1. 言传身教，感恩自己的父母，有助于让孩子学会感恩

家长作为自己父母的子女，孝敬父母是应该的，有好吃的东西要想着老人，经常看望、关心老人，带着老人出去游玩。家长的这些行为，孩子都会看在眼里，记在心中，久而久之，孩子便会逐渐养成孝敬父母的好习惯。

2. 言传身教，感恩自己的伴侣，有助于孩子学会感恩

夫妻是家庭的主要成员。父母之间如何相处对孩子的成长都有直接影响。因此，家人之间、夫妻之间友好相处、互相帮助，有利于孩子耳濡目染将来能更好地处理自己的家庭问题。

育儿感悟

任何的教育都比不上父母的言传身教，所以才会有"父母是孩子的第一任老师"这种说法。对此，我们深信不疑。因此，在对你的品德教育上，我们会以身作则，让你从我们身上看到对待事情正确的处理方法。我们一直坚持着，也看到你做得很好，对此我们深感欣慰。

植入同情心，让男孩成为有德之人

同情心是人类的重要情感之一，具有同情心的男孩更能体会他人的感受，更能包容、体谅他人，也更容易建立良好的人际关系。同情心不是一朝形成的，需要长期的、潜移默化的熏陶，从外入内在男孩的潜意识中形成。在这个过程中，父母是孩子的启蒙老师，需要重视孩子的情感发展，抓住生活中的所有细节，丰富他的情感，培养出他的同情心。

在一个温暖的午后，张辉和爸爸在公园里散步。看着眼前迷人的景致，张辉和爸爸都有些流连忘返。

忽然，张辉大叫道："爸爸，爸爸，你看那边的那位老太太多好笑。"顺着儿子手指的方向望去，只见一位白发苍苍的老人，穿着厚厚的冬衣，一只手拄着拐杖，另一只手颤颤巍巍地想要摘一朵花。

"年纪这么大了，还想要摘花，看她的样子似乎走路都有些困难了。"听着儿子的话，爸爸脸上的微笑消失了，他快步走到老人的身边，问道："老人家，您想要做什么？我可以帮助您。"老人抬头看了看张辉爸爸，说道："我想要摘一朵花，今天是我老伴的生日，他瘫在床上十年了，不能出屋，他就想看看春天里的鲜花。"看着老人眼睛里打转的泪花，张辉爸爸难受极了。他将老人扶到座椅上坐下，转身走到公园附近的花店买了一束美丽的鲜花送给老人，并对老人说道："我送您回家吧。"老人点了点头。

之后，爸爸和张辉在谈起这件事情时，他对张辉说："天气那么热，那位老人还穿得那么多，肯定是身体不好。颤颤巍巍地想要摘花，随时都有摔倒的可能，你不仅没有要帮助老人家的想法，反而嘲笑她，这样做有些缺乏同情心了。"

张辉默默地低下了头，他觉得爸爸批评得对，他需要好好反省一下自己。

事例中张辉的行为并不是一个特例，现在很多孩子都缺乏同情心，如公共汽车上一些孩子从不给老人让座。这种现象不得不引人担忧：孩子们是祖国的下一代、未来的希望，他们如果缺乏同情心，社会还会有爱吗？作为家长，我们有责任培养起孩子的同情心来，那么，到底应该怎样培养孩子的同情心呢？

1. 不要扼杀孩子的同情心

很多小朋友都非常有同情心，如他们不愿意妈妈杀鱼，会因为妈妈杀鱼而痛苦，看到别的小朋友哭泣也会跟着伤心，这些都是孩子同情心的表现。作为家长，我们不应该因为孩子的这些行为而训斥孩子，否则便会扼杀孩子的同情心。

2. 潜移默化地影响孩子

想要培养孩子的同情心，家长应以身作则富有同情心。这样才能在生活中潜移默化地影响孩子的情感世界。

3. 面对孩子的破坏行为，家长要及时劝说

我们经常会看到草坪中的这些提示："不要踩我，我怕疼。"这是一种非常好的方法，会让很多行人都脚下留情。对于正在实施破坏的孩子，家长也可以采用这个方法，及时告诉孩子："不要再摔它了，它快哭了。"这样更容易激发起孩子的同情心。

4. 鼓励孩子多帮助他人

例如，在生活中，看到小朋友摔倒，家长可以鼓励孩子去帮助一下他们，让孩子在帮助他人的过程中建立起同情心。

5. 经常向孩子求助

家长也有需要帮助的时候，这时，我们可以向孩子求助，告诉孩子自己的状况，让孩子感受到自己是被需要的，让孩子有机会表现一下自己的同情心。

著名教育家陈鹤琴先生说过，同情行为在家庭里、在社会上都是一种非常重要的美德。若家庭里没有同情行为，那父不父、母不母、子不子，家庭就不能称其为家庭；若社会上没有同情行为，尔虞我诈，每个人都十分自私，社会也不称其为社会了。由此可见，家长们一定要从小培养孩子的同情心。

育儿感悟

你是家里的独生子女，从小就习惯了一个人，什么东西都喜欢自己独有。我们很怕这样的你缺少同情心。因此，在你很小的时候，我们就一直注重培养你的同情心，看到你现在乐于助人，对很多人和事人都能做到感同身受，我们很高兴。希望你能继续保持，让同情心伴随你整个人生。

做谦虚的男孩，做人切不可盲目自大

该怎样培养男孩谦虚的品质呢？俗话说，"谦虚使人进步，骄傲使人落后"。骄傲容易给自己的双眼蒙上一层眼罩，看不到更高、更远的地方，让自己变得自私狭隘。谦虚是一种美德，是人们不断进取的一种态度。"生命有限，学海无涯"，任何一个具有谦虚品质的人都有进步的动力，都会不断进步。

梁云是个活泼可爱的小男孩，成绩非常优秀。梁云的父母都是做生意的，经济条件非常好，所以从小梁云就穿着名牌衣服。在学校，梁云是班里的"文艺骨干"，是同学们眼中的小明星；在家里，梁云是父母的掌上明珠，集万千宠爱于一身。在这样的环境下，梁云变得有些狂妄自大，骄傲的情绪不断膨胀。只要一有机会，梁云就会炫耀自己、贬低他人，其他同学都不喜欢他。

一次，一个小朋友问了梁云一个问题。没想到梁云竟然大声说道："你可真笨呀，连这个问题都不会，笨死了。"结果，这名同学生气地说道："你这个人怎么这么没有礼貌，我不过是问了你一个问题，你竟然如此不尊重别人，难怪大家都不喜欢你，你的确挺讨厌的。"说完，这名同学从梁云手中扯回作业本离开了。班上的同学也纷纷指责梁云，梁云气得大哭起来。

这学期班里又开始竞选班长了，以前梁云一直都是班长，但这一次他落选了，全班同学竟然没有一个人投他的票。

回到家里，梁云伤心地哭了起来，连晚饭都吃不下去，边哭边嘟囔着："为什么不选我呀，他们的能力都没有我强，凭什么都不选我？"梁云的爸爸听完梁云的讲述后，明白是梁云自身出现了问题。梁云变得骄傲了，总是瞧不起同学，那么同学们又怎么会喜欢他呢？爸爸耐心地向梁云分析缘由，含蓄地指出了他的毛病。梁云听完之后，羞愧地低下了头。

骄傲是一种不良的心理状态，作为家长，应该给予孩子正确的引导，使孩子养成谦虚的品质。那么，父母应怎样培养孩子谦虚的品质呢？

1. 让孩子认识到骄傲的危害和谦虚的好处

培养孩子谦虚的品质，首先需要向孩子讲清谦虚和骄傲对孩子成长的不同影响。谦虚的人时刻都保持着空杯心理，不自满，总会不断地学习，充实自己；而骄傲的人则自大自满，总是高看自己，觉得谁都不如自己，看不起身边的人，看不到他人的优点，不屑于向他人学习。因此，他们不仅不会进步，还会倒退。

除此之外，谦虚的人更容易建立起良好的人际关系。他们懂得尊重他人，有亲和力。而骄傲自大的人，则总觉得高人一等，看不起身边的人，导致人际关系很糟糕，得不到大家的喜爱与认可。

2. 教会孩子客观评估自己

任何人都有自己的优点和缺点。对此，每一名孩子都应客观、全面地认识到：自己的优点再多，也有不如别人的地方；别人的缺点再多，也有值得自己学习的地方。培养孩子谦虚的品质，首先应该让孩子学会客观地评估自己，看到自己的不足之处，看得见他人的过人之处，取长补短，不断进步。

育儿感悟

　　山外有山，人外有人。我们一直很怕你成为一个自大、骄傲的人，所以在你很小的时候，就尽量多带你见识外面的世界，开拓你的视野。值得高兴的是，成效还是不错的，如今你逐渐成为一个谦虚好学的人。希望这样的品行一直伴随你，你也将会因为拥有这样的品行而终身获益。

警惕顺手牵羊，偷窃的恶习要从小制止

现实生活中，我们会看到有一些男孩因为好奇和新鲜，会顺于把不是自己的东西拿回家。很多家长发现孩子有这种情形时，先是感慨："天啊，我的孩子怎么会偷东西！"接着便会谴责孩子："你居然偷东西，真是丢人现眼！""你干这种坏事，警察会抓你的。""你这孩子太坏了，我不要你了。"家长以为这样说，孩子会感到畏惧，从此以后能"改邪归正"。事实上，这些贬损的话不但一点作用也起不到，反而会给孩子带来消极影响。

据心理学家分析，年龄较小的孩子对"我"的是非界限是模糊不清的，他们完全搞不懂"偷"和"拿"的区别。只要这个东西能满足他们的心理需求，他们便认为这个东西应该属于自己。另外，孩子拿他人物品，可能是在模仿别人的行为。面对这种情况，家长不可采取暴力的教育方式，当然也不能置之不理，而是要以理智的态度面对。

1. 禁止喋喋不休地说教

不论孩子偷了什么东西，家长尽量不要喋喋不休地说教，也不要咄咄逼人地斥责。因为对于年龄较小的孩子来说，没有经过他人允许就将东西偷偷拿走的举动并不是偷窃行为。如果家长将一些严重贬损的词语用在孩子身上，例如"小偷""盗贼""坏孩子"等，相当于给孩子贴上坏的标签，是对其人格的藐视。因为在孩子的观念中，根本没有犯罪这个概念，他们怎么会故意去偷盗呢？

当孩子顺手拿了不属于自己的东西，家长先不要激动，也不要大声谴责，而先要弄清楚他拿东西的原因。多问孩子一句"为什么"，永远都不显得多余，这样你就能知道孩子心里的真实想法。

张女士推车带小军到超市闲逛的时候，发现他拿着两根棒棒糖就往自己口袋里塞。塞了好长时间也没有把棒棒糖塞进去，却不小心把棒棒糖掉进了推车里，小军伸出手把棒棒糖拿起来后又继续往口袋里塞。张女士感到很惊奇，她完全没有想到小军会这样做，但是她并没有像其他家长那样大声喊叫："哎呀，你怎么能偷东西！"

张女士飞快地思考着小军为什么要这么做，但她却找不到答案，于是就问道："小军，你在干什么？"小军很自豪地说："妈妈，我在偷东西。"张女士听到小军的回答更为震惊，显然他将偷东西看成了一件好玩的事。接着，张女士问道："你为什么要这样做呢？"小军说："我看了《愤怒的小鸟》，里边那个小猪就是这样拿东西的。"张女士听到这个答案哭笑不得，孩子其实只是在模仿他人的行为。于是她又问道："小猪偷了谁的东西？"小军回答："小鸟的。""那小鸟生气了吗？""生气，小鸟气得用石头打了小猪。""那你从超市偷偷拿东西，超市里的人一会儿也会用石头打你的。"小军害怕了，赶快把东西放回了货架。

2.让孩子知道诚实的重要性

如果孩子已经将东西拿了回去，家长要带他去归还，并向物品的主人道歉，让孩子知道诚实的重要性。如果这个东西是从商店或是超市里偷偷拿出来的，父母切记不可将它买下来，因为一旦有了这样的经历，孩子尝到了"偷东西"的乐趣，每次看到喜欢的东西都会悄悄拿走，然后再让你买下来。

在将东西返还并道歉的时候，父母可以在旁边陪伴和引导，而孩子应该是这些动作真正的执行者。当孩子亲手将东西归还回去并诚恳地表达歉意，他才能真正意识到自己的行为是不正确的。

平平和与他同岁的小伙伴妞妞在小区的广场上玩耍。平平拿着小铲子在树坑里铲泥土，妞妞在一旁的地上摆弄妈妈给她新买的小型回力车。一会儿，平平觉得铲泥土很无聊，就蹲在妞妞旁边和她一起玩车。妞妞一推，车跑到平平那边，平平接着再推，车又返回妞妞那边。平平和妞妞这样玩了一会儿，很快妞妞便失去了耐心，跑到一边玩滑梯和秋千了，只剩下平平一人在那里玩回力车。

由于小区广场没有车辆通过，很安全，而且平平也不喜欢到处乱跑，所以平平的妈妈为避免打扰他和小朋友们玩耍，就在稍远的地方等着他。过了一会儿，吃饭时间到了，妈妈对平平说："平平，我们回家吧，把你的小玩具带好，把其他小朋友的玩具还回去。"平平答应了一声。紧接着他拿上自己的小铲子和小水桶，跑过来拉住妈妈的手回家了。

每天回到家之后，妈妈都要帮平平把玩具收起来，这次也不例外。当她提起小水桶准备放到一边的时候，感觉水桶的重量比平时沉了一些。她掀开水桶盖一看，结果令她大吃一惊，原来平平把妞妞的回力车放在了里边。妈妈有些不高兴，她把平平叫过来问清了原因。原来平平太喜欢这辆回力车了，就想带回家玩一玩。妈妈对他说："妞妞不知道你把她的回力车带走了，一定很着急。现在我们一起去找妞妞，把这个玩回力还给她，并跟她说对不起好吗？"平平很不高兴，说道："不要嘛，妈妈，我就玩一会儿。"妈妈再次告诉他说："没有经过妞妞同意就拿走她的玩具是不对的，既然有错误就应该向妞妞道歉并求得她的原谅。"平平看着妈妈坚定的眼神点了点头。

平平在妈妈的陪伴下返回广场，看到了还在玩耍的妞妞。开始，平平站在那里不动，在妈妈的鼓励下，他走上前去将手里的回力车还给了妞妞。妈妈对他说："你要跟妞妞道歉，说'对不起，我不该随便拿你的车'。"平平不好意思地说："妈妈你帮我道歉吧。"妈妈说："平平是男子汉，自己做的事情要自己负责。"起初平平不愿意道歉，但经过妈妈的耐心劝导，平平终于认识到错误，于是他挺了挺胸对妞妞说："妞妞，对不起，我不该随便拿你的车。"妈妈听后欣慰地说："这才是妈妈的好孩子。"

3. 进行合理的教育

对孩子进行合理的教育，让孩子知道不是自己的东西不能带回家，没有经过别人的允许也不能随便拿别人的东西。如果孩子年龄太小，也许不适合跟他讲道理，但也可以给予小小的惩罚，例如不让他再到小朋友家玩，或是不带他去超市、商场等，孩子会慢慢意识到自己的错误。

4. 父母教导要有耐心

孩子弄清楚东西的所有权需要时间，父母一定要有耐心，只要能正确引导并及时纠正，孩子一定会沿着正确的道路成长。

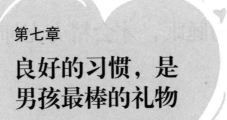

第七章

良好的习惯，是男孩最棒的礼物

拥有良好的睡眠，才会精力充沛

男孩子天生多动、爱玩，晚上总是不愿意去睡觉。殊不知，每天保证充足的睡眠时间是很重要的，一般成年人的睡眠时间应该为七到八个小时，孩子的睡眠时间维持在九个小时最佳。这样才能够维持稳定的生物钟规律，有益于身体健康。俗话说，"身体是革命的本钱。"对于孩子而言，没有健康的身体就没有获得幸福人生的本钱。因而，孩子们一定要养成良好的睡眠习惯。

李磊的妈妈非常重视李磊的睡眠。为了能够让李磊从小养成良好的睡眠习惯，李磊妈妈可以说是亲力亲为，监督着孩子按时睡觉。按照妈妈的要求，李磊每天晚上九点必须上床睡觉，早上七点半起床，中午还要再睡上两个半小时。算下来，李磊每天的睡眠时间高达 13 个小时。

老人们总是说："孩子就是在睡觉的时候长身体的。"对此，李磊妈妈深信不疑。面对着孩子每天 13 个小时的睡眠时间，李磊妈妈认为不长，睡觉时间越长越好。直到有一天，李磊妈妈参加了一个健康培训。专家专门讲述了有关"睡眠"的相关知识，李磊妈妈才知道：睡眠时间并不是越长越好，要适度，过长或过短的睡眠时间对身体健康都是有害的。

正如事例中的李磊妈妈，很多家长都非常重视孩子的睡眠问题，密切关注孩子的睡眠时间是不是足够，习惯性地认为睡眠时间越长越好。睡眠时间不足，的确有损身体健康，如晚上十点到凌晨两点是人体新陈代谢的时间段，在这段时间里旧细胞会死去，新细胞会生成。如果睡眠时间保证不了，人们的身体无法及时修复，就会容易生病。除此之外，睡眠不足还有很多危害，睡眠不足会引起人的心理疲惫，导致情绪失控、焦虑急躁，还会引起消化不良、食欲减退、身体内分泌失调以及抵抗力下降等问题。因此，足够的睡眠时间是调整身体状态、维持身体健康的保障。

然而，睡眠时间并不是越长越好，过长的睡眠时间同样会危害身体健康。研究表明，人们在睡眠中，各项机体活动均处于减弱的状态，新陈代谢降低，能量消耗少，大量的垃圾堆积在身体里，非常容易引发肥胖、生物钟紊乱、内分泌失调、心脑血管疾病等一系列问题。

由此可见，养成良好的睡眠习惯绝非易事，既不能长时间睡觉，也不能熬夜，同时还应保证睡眠质量。因此，建议孩子们做到以下几点：

第一，早睡早起。

第二，睡前不宜进行剧烈的运动。睡觉前做一些和缓的运动，时间不要太长，一般维持在 20 分钟左右。

第三，睡前一杯牛奶能够促进睡眠。

第四，睡前泡脚，有助睡眠。泡脚可以让人身体放松、精神放松，有助于睡眠。

第五，枕头不宜过高。对于孩子而言，身体正处于快速发育期，枕头的高度不宜过高。

育儿感悟

良好的睡眠，对于孩子来说非常重要。良好的睡眠不仅有益于智力发展，对情绪也有很大的影响。如果孩子没有养成良好的睡眠习惯，会出现易怒、烦躁、活动能力减退、记忆力减退等情况。因此，我们在关注你智力发展的同时，更关注你的健康，帮助你养成良好的睡眠习惯。

关注卫生习惯，成为健康的男孩

卫生与健康息息相关，作为父母，要让孩子知道讲究卫生的重要性，让孩子养成良好的卫生习惯。

卫生习惯关系到孩子生活的方方面面，尤其对于保持孩子的健康、树立孩子的个人形象等都是必不可少的。

刘兵是个很爱面子的孩子，从小就注重自己的个人形象。他特别爱干净，手、脸、穿着总是干干净净的，因此很受大家的喜爱。

刘兵的妈妈是一位医生，因为职业的关系，她特别注意培养儿子的卫生习惯，时常叮嘱儿子要勤洗手、洗脸、勤洗澡、勤换衣服等。

刘兵的妈妈还告诉刘兵，如果不讲卫生，就容易染上疾病，导致自己的心情也不好，而且与人交往时，脏兮兮的样子也会让人厌恶。

因此，刘兵从小就讲卫生，养成这种良好的习惯后，他也很少患病。

虽然提倡孩子讲究卫生已经很久了，但是在现实社会中还是有很多孩子存在着不讲卫生的行为，譬如乱扔垃圾、随地吐痰、饭前便后不洗手等，这跟孩子是否接受卫生知识学习是分不开的。

人生活在社会中总是要与他人打交道的，自身的行为都要与他人、社会发生联系，并对其产生影响。所以说每个人不仅要为自己的健康负责，更要为生活的环境负责。

孩子年龄还小，还没有在脑海中树立起讲究卫生这种意识。因而作为父母，就要多教育、多指导、多督促孩子，让孩子在日常生活中逐渐养成讲究卫生的良好习惯。

1. 让孩子养成勤洗手、勤洗澡的习惯

病从口入，让孩子养成勤洗手的习惯，才不容易生病。平时，父母要多督促孩子，让孩子饭前、便后、玩耍后要洗手，并且要教他们学会正确的洗手方法。

此外，如果不及时洗澡，就会有汗渍附着在身上，从而滋生细菌，发出难闻的气味。所以说父母要帮助孩子养成勤洗澡的习惯，这样不仅能洗掉细菌，还会使孩子在洗澡的过程中感到惬意。

让孩子养成习惯其实不难，最关键的是父母要下定决心帮助他们坚持下去。父母可以告诉孩子做一个讲卫生的好孩子，拥有良好的个人形象，才会吸引更多的朋友。

2. 让孩子养成刷牙、漱口的习惯

俗话说"牙疼不是病，疼起来要人命"，因此一定要注意保护牙齿。只有养成了讲卫生的习惯，养成了早晚刷牙、勤漱口的习惯，才能避免过早地产生这方面的疾病。

张旭由于没有注意到一些细节问题，小小年纪就总是牙疼，并且牙齿还被"虫子"吃掉了两颗。原来张旭从来没有好好刷过牙，也不经常漱口。由于他已经过了换牙的年龄，只能拔掉坏牙装了两颗假牙。

因为认识到保护牙齿的重要性，此后他不用父母督促，就自觉养成了爱刷牙、勤漱口的好习惯，牙齿也就再没有坏过。

父母要及时指导孩子学会刷牙，在孩子头脑中树立早晚刷牙的意识，并且鼓励他们时常漱口，这样就能有效地减少牙疾，使孩子少受牙疼的困扰。

3.让孩子定期剪发、剪指甲

头发长，不及时清洗会滋生许多细菌。指甲长，指甲缝里容易藏污垢，这些都会给自己的形象带来不利的一面，稍不注意还会患病。所以父母要为孩子的健康考虑，指导孩子定期剪发、修剪指甲。孩子形成一个好的习惯，就会有一个清爽的形象展现在大家面前，也会更受大家欢迎。

4.让孩子讲究公共卫生

讲究卫生，不单是要讲究个人卫生，还要讲究公共卫生。因此，父母一定要告诉孩子时刻谨记讲究公共卫生的重要性，并且鼓励他们主动维持公共场所的环境。

育儿感悟

新冠肺炎疫情的暴发，让人们更认识到了讲卫生的重要性。我们从小培养你养成良好的卫生习惯，是希望你能拥有一个良好的身体。因为"身体是革命的本钱"，没有好的身体，一切都是虚无。希望你能谨记，无论何时都要拥有良好的卫生习惯。

吃饭不挑食，让营养均衡摄入

男孩运动量大，生长发育快，饮食习惯也会不断发生变化，同时，他们对食物的偏好也会有所改变。但是挑食偏食，无法在规定的时间内合理用餐，必然会对男孩的营养摄入与吸收造成影响，时间一长，会给他的身体发育带来的危害。

小郭已经是小学四年级的学生了，但跟同龄的男孩子相比，他体形瘦弱，身高偏低，每次体检医生都说他不达标，建议他合理饮食。而小郭的父母何尝不想让他吃得多一些，营养摄入全面一些，可是小郭就是不配合，父母为此大伤脑筋。小郭不但吃饭的时候心不在焉，还总是挑食。只要是他喜欢吃的东西，例如土豆丝，他就大口大口地吃个没完。看见自己不喜欢的，例如青菜、油麦菜等，无论父母怎么劝说，他就是不肯吃一口。而且，他还爱吃甜食，例如蛋糕、甜饼干等，就是不喜欢吃馒头、米饭这些主食。父母每次劝说他多吃主食，小郭就十分不情愿，吃进嘴里又吐了出来，父母真希望找个好办法，纠正下小郭的不良饮食习惯。

孩子只钟爱一两种食物，对其他食物冷眼相对，这种情况父母必须认真对待。挑食会对孩子的身体造成不良影响。一些孩子因为长期缺乏某种营养，抵抗力下降，容易患病，如发烧感冒等，还会引发贫血、缺钙等疾病。孩子挑食，不但在体形上小于同龄孩子，还会影响智力发育。据英国一项调查表明，挑食的孩子在智力发育指数上要比营养摄取全面的孩子低。此外，挑食表面上只是对孩子的身体造成影响，实际上也会给孩子的心理带来影响。当孩子不愿吃某种东西，父母会产生焦虑心理，久而久之，这种焦虑就会传染给孩子，让孩子一看到食物便产生不安。

孩子在饮食上有所偏好，可能受父母在饮食上的影响，也可能是因为在日常生活中，父母做饭种类单一、色彩搭配不好，影响了孩子的食欲，还可能因为孩子从很小的时候对某种食物表现出排斥，父母为让孩子尽快用餐，顺应孩子的心意，孩子想吃什么就吃什么，不喜欢吃的父母也不愿花时间去纠正，时间一长，孩子就习惯了专挑选自己喜欢的东西吃。

合理饮食能满足人对各种营养物质的需求，能为孩子一天的玩耍和学习提供充足的能量。即使现代人生活忙碌，无法满足合理搭配的需求，也要尽可能保持进食多样化，千万不可只偏爱于某一种或几种食物。

改正孩子挑食的毛病，培养良好的饮食习惯，其实并非难事，家长万万不可采取强迫的方式让孩子用餐，这样做会适得其反。父母只要多一些耐心与包容，给孩子充足的时间，孩子一定能逐渐改正挑食的毛病。下边是帮助孩子改正挑食习惯的几种方法。

1. 父母要起到示范作用

要想让孩子不挑食，父母要以身作则，对每种食物表现出进食的欲望，并带头吃，吃完之后对食物的味道大加称赞，孩子则会效仿。

2.耐心告诉孩子挑食对身体的危害，引起孩子的注意

父母要让孩子知道，人处于生长发育时期，一定要保证身体摄入的营养成分比较全面。如果缺少某种营养，就容易患上某种疾病，会大大阻碍身体其他方面的发展。父母在教育孩子时要有理有据，等孩子逐渐意识到挑食是一个很严重的问题时，父母的矫正才能慢慢起作用。

3.父母尽可能在烹饪上下功夫

在保证营养的前提下，父母可以合理搭配食物颜色，还可以根据孩子的喜好适当改变饭菜的样式。例如孩子不喜欢吃炒菜喜欢吃饺子，就把多种蔬菜拌成饺子馅，满足孩子的需求。不喜欢吃水煮蛋，就做西红柿炒鸡蛋或是鸡蛋羹。改变之前的食物样式，孩子可能会更喜欢。

天群最不喜欢吃蔬菜了，如果看到餐桌上有油麦菜、木耳、青椒、黄瓜等，他尝都不愿尝一口。妈妈为了纠正天群这个坏习惯，特意想了个办法。她知道天群平时最喜欢吃面食，于是把心思花在面食的改良上。为了让天群多吃些蔬菜，她换着花样给天群做面，今天吃打卤面，明天吃炸酱面，后天吃拌面，过两天吃炒面等，把各种不同的蔬菜切碎了与面条掺杂在一起。

除了丰富面条的种类之外，妈妈还在饭菜的外形上下功夫。她买来各种磨具，把米饭弄成小熊的形状，用胡萝卜做小熊的眼睛，用黄瓜做小熊的鼻子，用黑木耳做小熊的耳朵，用西红柿做小熊的嘴巴，米饭被装扮得十分好看，天群看见满心欢喜，立即就吃了。

此外，妈妈为迎合天群的口味，经常变换配料，外加自己的创意搭配，在原有食材的基础上，使饭菜千变万化。这些饭菜经常让天群耳目一新，他自然就更加喜欢吃饭了。

4. 让孩子在吃饭时，学会照顾别人的情绪

家庭用餐不是一个人的事情，而是一种集体行为。作为集体中的一分子，孩子应该从父母那得知，吃饭时要想着别人，照顾别人。如果自己喜欢吃什么，就全据为己有不给别人留，而把自己不喜欢吃的东西推到别人面前，这样是不礼貌的行为。家长要让孩子知道，你喜欢吃的东西，别人也喜欢吃，大家共同分享，家庭聚餐才有意义。家长还应该让孩子知道，品尝餐桌上的每盘菜并适时夸赞才是对做饭者的最佳鼓励。培养孩子的饮食习惯从就餐礼仪做起，这样孩子才能慢慢丰富自己的饮食结构。

5. 对孩子的进步给予适当奖励

孩子不喜欢吃某种东西，切忌责骂。如果吃饭的时候心情不好，更会影响食欲。父母可以为孩子定规矩，把每一种菜都尝一遍。如果孩子今天吃了很多口他平时不喜欢吃的食物，父母要及时给予鼓励和表扬，增强孩子尝试多种食物的信心。

此外，如果孩子食欲差，对食物挑三拣四，父母就要带孩子去医院做检查。

育儿感悟

你在小的时候，很挑食，不爱吃胡萝卜，也不爱吃青菜。当时我们没有迁就你，而是坚持让你什么都吃一些。我想我们做的是对的，正是因为注重你的饮食，保证摄入均衡的营养，你现在才拥有如此健康强壮的好身体。

合理锻炼，做强壮的男孩

生命在于运动，坚持锻炼的确有益于身体健康，但是不科学的锻炼不仅不会起到锻炼身体的目的，还会有损于身体健康。韩华的父亲是一名保健医生，从小就注重培养孩子坚持锻炼的好习惯。

由于长时间的锻炼，韩华的身体素质非常好，几乎不怎么生病。这样一个注重健康又非常了解保健知识的家庭，却从来见不到他们的家人晨练。

一天，一位有晨练习惯的邻居张爷爷见到韩华时问道："小华，你这么爱好运动，怎么早上不出来锻炼呀？"

原来，这位老爷爷坚持晨练已经快 30 年了，每天天不亮就起床，绕着中环路跑上 10 千米。等到人们起来开始一天的活动时，张爷爷已经完成了晨练。

"张爷爷，太早晨练对身体没有好处。"韩华说道。

"怎么可能，锻炼有益身体健康，你看我今年已经 63 岁了，精神不是很好嘛，这与我坚持晨练有很大的关系。"张爷爷说道。

"是的，您的身体好，与您坚持锻炼有关系。但是张爷爷，天还没有亮的时候，由于植物无法在夜间进行光合作用，二氧化碳的浓度会非常高，并且都聚集在近地面空气中。在这种环境下锻炼身体，不仅不能让身体接受新鲜的空气，还会因为过度吸入二氧化碳而导致身体不适。因此，晨练的习惯并不好。"韩华长期受父亲的熏陶，对保健知识也有一定了解。他接着说道："而且您总是喜欢在马路边上跑步，还会吸入大量的汽车尾气和灰尘，同样也不利于身体健康。"

张爷爷一听，觉得韩华说得很有道理。"小华，你说得很好，那爷爷是不是不应该早上锻炼身体了？"张爷爷问道。

"不是的，锻炼身体是件好事。您可以在太阳出来一个小时之后到公园里锻炼。这样二氧化碳已经被吸收得差不多了，氧气含量会升高，负氧离子的指数也很高，对身体非常好。我就是在这个时间段里锻炼的。"韩华信心满满地说道。

一旁的韩华爸爸听着儿子的讲述，面带微笑地点了点头。

由此可见，运动也需要遵守一定的自然规律，盲目地运动不仅起不到锻炼身体的目的，还会适得其反，损害自身的健康。作为家长，从小培养孩子坚持运动的好习惯对男孩的身心健康非常重要。不过，在此之前，家长们需要了解以下知识点。

1. 清晨锻炼，在太阳出来一个小时之后进行

由于植物的光合作用需要在阳光下进行，在植物进行光合作用时，会吸收空气中的二氧化碳，释放氧气。夜间没有太阳光，植物会释放出大量的二氧化碳，吸收大量的氧气，从而易造成清晨空气中二氧化碳含量超标，不利于室外运动。太阳出来一个小时之后，由于植物光合作用增强，吸收大量二氧化碳，释放出氧气。而此时空气质量非常好，适宜锻炼身体。

2. 清晨锻炼，不宜空腹，要喝一杯温水之后再进行

经过一晚上的睡眠，人们的身体几乎没有任何能量储蓄，应适当进食补充一下能量。如果这时不仅不进食，还做大量的运动，会造成身体能量的严重透支，不利于身体健康。如果能在运动之前喝上一杯温水，不仅能够补充能量，还能加速血液循环、清洗肠胃，有利于身体排毒。因此，喝杯温水再锻炼才是正确的锻炼方法。

3. 黄昏是锻炼的最佳时间

人们总是提倡晨练，但是研究表明，晨练有很多弊端，不利于身体健康，黄昏才是人们锻炼的最佳时间段。在这个时间段里，从体力、身体的协调力、血压、血脂的稳定性来讲都非常适合锻炼。因此，帮助孩子养成黄昏练的习惯比晨练更科学。

4. 运动需要坚持，不能"三天打鱼两天晒网"

研究表明，长期的运动有益身体健康，而偶尔的运动不仅起不到锻炼身体的目的，还会加速各个关节的磨损、各个器官的负担，从而对身体造成伤害。因此，锻炼身体是一个长期的过程，不能"三天打鱼两天晒网"。

育儿感悟

生命在于运动，从小培养你坚持运动的好习惯对你的身心健康起着很大作用，但是在锻炼前，一定要多了解相关的科学知识，做到科学锻炼，这样才能真正起到锻炼身体的作用。

良好的教养，要有好的家风

当你看到一个男孩待人彬彬有礼时，就会说这个男孩真有教养。例如，他不会轻易发脾气，对待不如自己的人仍然谦和有礼……正因为这个男孩的教养，所以会让所有人都觉得他可爱。因此，当我们培养孩子良好的习惯时，首先需要从教养入手，教导孩子成为一个有教养的人。

孩子在没有形成自己的世界观之前，身为父母，我们要告诉他们哪些是恶的，哪些是善的，哪些事情可以做，哪些事情不能做，还要给孩子实践的机会。"勿以恶小而为之，勿以善小而不为"，让孩子从点滴做起，在生活中磨炼自己的意志，提高自我控制、自我调节、自我转化的能力，从而养成良好的道德品质，那便是人们口中所说的教养。

有教养的人从不炫耀他的优势，与人交往是人与人之间内心的交流，如果你的言行让别人感到了不快，甚至尴尬，那便是一次失败的谈话。不要让孩子总在别人面前炫耀自己家有多少钱，爸爸妈妈的工作有多么好，这会让对方感到心情低落，也会觉得你是一个爱吹牛且不可靠的人。

有教养的人懂得尊重他人，每个人都是平等的，也有不同的优点或者缺点，所以与人相处要懂得尊重他人，不用眼神、表情等微动作让人感到不快。也不要对别人的兴趣、爱好、习惯等持否定态度，更不能以自己的观点来指责别人。哪怕有不同意见，也要尽量委婉。

有教养的人守时守信。

《世说新语》中有一篇小文《陈太丘与友期》，陈太丘与友人相约，但因为友人的不守时，陈太丘就先走了。友人来后，对着陈太丘的儿子元方说："真不是君子呀！和别人约好却自己走了。"元方听后，反驳说："您与我父亲约的是正午，您正午没有来，那是您不守信；现在您又对着我骂我父亲，真是太没有礼貌了。"小小的元方将这位友人说得无地自容。

家长一定要告诉自己的孩子，守时守信是有教养的表现。

有教养的人随时注意自己的言行，一个人的仪态可以反映出不同的思想境界、精神面貌、道德观念，既构成外在美，也体现内在美。家长要告诉孩子需注意平日的细节，比如说话要看着对方的眼睛，不能随意打断别人的话，公共交通工具上，要给老幼病残孕让座，与长辈说话不能大吼大叫……

育儿感悟

一个人的教养，是日积月累形成的，是靠平日的点滴小事表现出来的。所以，为了让你成为有教养的人，我们用心培养你的习惯，敦促你平时言谈举止都要做到得体。

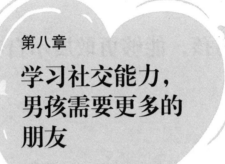

第八章

学习社交能力，男孩需要更多的朋友

让害羞的男孩，能够勇敢展示自我

有些男孩有才艺、有特长却不太敢于展示自我。他们聪明懂事，招人喜欢，可是在机会面前却过于"谦让"。对于这种情况，有些父母比较担心。

章女士的儿子阿超，在老师和长辈心中是个聪明懂事的孩子。可章女士却不满意，总是说儿子"太老实"。

"前几天，我带儿子去上游泳课，遇到他的同学凡凡。凡凡赶紧游到我身边，使劲表现，甚至还指着阿超得意地和教练说'他追不上我'。再看阿超，竟然一脸漠然，好像没听见凡凡跟他说话一样。其实，阿超游得不比凡凡差，可是阿超却不敢表现自己，也不敢主动去跟别人玩耍。"说起前几天的事，章女士满脸无奈。

章女士的丈夫刘先生却不以为然："干吗总要孩子表现自己？太爱表现的孩子，显得张扬、高调，有时也是不招人喜欢的。"

章女士叹了一口气："我只是不希望阿超太老实！我喜欢他有胆量，敢于展现自我。以后社会竞争那么激烈，不懂得展现自我，不懂得自我推销，怎么能获得机会呢？"

鼓励孩子展现自我是有必要的。展现自我并不是自我吹嘘，也不是讨好别人，更不是贬低别人来抬高自己，而是实事求是地表现自己的胆识和才华。这样，机会才更容易眷顾孩子。

很多男孩不爱展现自我，这可能是以下两个原因造成的。

1. 孩子的先天气质

每个人都有特定的气质。有的男孩内向文静，不爱当众说话，不喜欢积极表达自己；有的男孩外向活泼，走到哪里都自来熟，喜欢表达自己，展现自我。因此，家长不顾孩子的特定气质，硬逼着孩子去展现自我，是不尊重孩子的表现，会让孩子觉得很别扭、很难受，无法做真实的自己。

2. 孩子不够自信

有些孩子从小到大都不爱表现自己，这与他们的自信心不够强有关。比如，在集体活动中，总是扮演配角；在团队活动中，总是充当协助者，而不是主导者；遇到班级竞选，没有勇气站起来自我推荐。再者，孩子不自信还表现为，他们认为自己的特长没有什么好展现的，或者说还未达到展现的水平，如果展现出来，可能会引起别人的不良评价。

那么，父母应该怎样引导孩子，才能让孩子敢于展现自己呢？

1. 肯定并鼓励孩子的特长

男孩羞于展现自己的风采，往往与他们缺乏自信有关。因此，父母可以找出孩子的特长，给予孩子肯定和鼓励。比如，通过唱歌、跳舞、参与家庭事务的讨论等，让孩子有机会表现自己，也让父母有机会肯定孩子。

茶余饭后，一家人闲聊。父母可以哼唱歌曲，引导孩子唱歌。在孩子唱的时候，父母可以跟着打拍子，等孩子唱完，父母可以肯定道："儿子，你的嗓音很适合唱这首歌，唱得真好听。"

全家人商量事情时，可以鼓励孩子参与，询问孩子的观点，并适时肯定道："你的想法很有新意，爸爸妈妈都没想到。爸爸妈妈觉得这个想法可行，谢谢你，儿子！"通过这些日常小事，可以极大地激发孩子的自信，激发孩子展现自我的热情。

2. 拓宽孩子的交际和接触面

男孩羞于展现自我，往往与他们不好意思的心理有关，也与他们缺少交际，接触面不宽有关。当他们想到要面对众人的目光时，就会感到不安和紧张。其实，他们内心也很想展现自我，无奈胆量小了点。对于这种情况，父母可以有意识地扩大孩子的接触面，让孩子经常面对陌生的人和环境，从而减轻孩子的不安心理，锻炼孩子的胆量。

比如，闲暇时，带孩子走亲访友，让孩子和不同的孩子一起玩耍，建立友谊；购物时，让孩子去收银台付钱；节假日带上孩子，约上三两个同事或好友，背上行囊去旅游。随着孩子见识的增长，孩子面对众人的目光时，就会多几分坦然。

3. 为孩子创造展现自我的机会

想让孩子走出家门，在众人面前展现自我，父母需要有意识地为孩子创造机会。如果不创造机会，不让孩子经常接受这方面的锻炼，突然让孩子去展现自我，孩子往往会产生退缩心理，或表现得不自然。

先在家里创造展现自我的机会，再慢慢地带孩子走出家门，到熟悉的亲戚朋友家，再鼓励孩子在不太熟的人面前展现自我。当孩子经常经历这样的事情后，哪怕让孩子在陌生人面前展现自我，相信孩子也不会怯场的。

4. 内向的孩子未必不能有所成就

虽然我们鼓励父母引导孩子积极展现自我，但对于天生内向的孩子，父母实在没有办法让孩子在众人面前站出来展现自我，那么父母就应该调整自己的心态了。

育儿感悟

内向是一种性格，内向的人也有自己的优点。内向的人不善言谈，生活空间相对较小，精力相对集中，观察事物比较深入，做事情比较有耐心，喜欢进行深入的思考。同时，他们性格温和，更容易与人相处，进而赢得别人的信任，而这种信任感可能在不知不觉中给他们带来机会。所以，我们发现你因为性格方面的原因不爱展现自己，我们不会着急，而会以一种平和的心态对待。

提升沟通能力，男孩需要学会分享

现代社会，大多数家庭里都只有一个孩子，父母、爷爷奶奶、姥姥姥爷会把所有的爱都倾注到孩子身上，满足孩子的一切要求。实际上，对于孩子而言，这未必是好事情，因为在无数人的关爱之中，孩子难免会渐渐养成以自我为中心的思想，甚至完全忽略身边人的情绪、感受需求。这样一来，孩子如何能够做到为身边的人着想呢？

很多年幼的男孩都不愿意分享，什么都要自己独自霸占，这是因为孩子已经习惯了独占家庭里所有的资源，而从来不考虑别人的需求。因此，父母要告诉孩子学会分享，也要在日常生活中引导孩子与父母分享，唯有如此循序渐进地培养孩子的分享精神，孩子才能养成分享的好习惯。

直到现在，妈妈还记得乐乐小时候的一件事情。那时候，乐乐才4岁，有一天妈妈正在帮乐乐洗澡，突然想起白天看到的一篇文章，于是问乐乐："乐乐，如果现在妈妈和你在大沙漠里，我们的身边只剩下一小块儿饼干，没有其他任何的食物和水，你会怎么做呢？"乐乐看着妈妈，眼眶红了起来，眼泪马上就要流出来，他动情地对妈妈说："妈妈，我一定会把饼干分

开，你吃一点，我吃一点，这样我们就可以一起活着。"听到乐乐的回答，
妈妈觉得非常感动。在日常生活中，妈妈经常引导乐乐与人分享，为此乐乐
很受人欢迎。

春游时，妈妈精心为乐乐准备了很多美味的食物。野餐时，乐乐把自己
的美食与同伴分享，当然，他也得到了同伴的慷慨馈赠。在春游即将结束的
时候，有一个同伴因为带的水太少，感到非常口渴，乐乐得知情况后，就把
自己仅剩的一瓶酸奶送给了同伴。回到家里，乐乐很口渴，赶紧去冰箱里
拿出一瓶水咕噜咕噜灌下去，妈妈纳闷地问乐乐："乐乐，你带了那么多水
都不够喝吗？"乐乐对妈妈说："有个小伙伴渴了，我就把我的酸奶给他了，
因为当时我并没有他那么渴。不过在回来的路上我感到很渴，所以我就一直
忍着。"听到乐乐这么说，妈妈对乐乐竖起了大拇指，赞赏乐乐这种助人为
乐的精神。

男孩是否愿意分享，与父母对他们的教养方式有很密切的关系，如果父
母在日常生活中能够引导孩子乐于分享，孩子渐渐地就会养成爱分享的习
惯。如果父母在养育孩子的过程中总是让孩子只顾自己的需求，而忽略身边
的人，那么孩子即使不断地成长，走上社会，也会因为不愿意分享而失去好
人缘。

分享快乐，一份快乐就会变成双倍的快乐；分享痛苦，一份痛苦就会变
成一半的痛苦。孩子在成长的过程中未必会顺心如意，因此，一定要学会与
身边的人分享，这样当失意时，才能够得到他人的安慰和支持，才能够得到
他人的帮助。当然，分享的目的不是要得到回报，但是爱会在人与人之间传
递，会让每一个付出爱的人都变得更加富足。

每个人都要学会分享，尤其是男孩，更要善于和乐于分享，这样才能成

为受欢迎的人。若一个男孩把自己封闭在狭小的个人空间里，那么他的人际关系可能就不会好。要想让孩子获得幸福，父母就要让孩子学会分享，告诉孩子分享的意义。

育儿感悟

分享的时候，你也许会失去一些东西，但是你要相信，你得到的一定比失去的更多。因为爱是在人与人之间不断流转的一种东西，最终会给我们带来幸福。

男孩间难免发生冲突，家长切莫"出手相助"

某天，江西南昌一小学内，一位奶奶堵住了一名高年级男生，追着他一直从校门口打到教室门口。事后，人们了解到，老太太的孙子一天前和那名男生发生了冲突，所以，第二天她就怒气冲冲地来学校给孙子"报仇"。最后，警方也介入了调查。

家长都希望孩子生活在一个公平、和谐的环境中，但是孩子之间发生冲突时，家长愤怒地介入，不理智地出手，绝非解决问题的正确态度。可悲的是，社会上类似的事情屡见不鲜，甚至最终酿成悲剧。

男孩之间发生冲突是再正常不过的事情，小时候男孩之间会争抢玩具，大男孩之间也会发生口角，甚至扭打在一起。遇到这种情况，有些家长因为爱子心切，会本能地冲上去以暴制暴。

然而，这样做根本不能解决孩子之间的冲突。首先，武力不仅无法解决问题，反而会让问题更加激化。其次，家长会给孩子做错误的示范，误导孩子用武力解决冲突，这是极不明智的。

当然，还有一些家长比较注重自我反省。他们会教育孩子从自身找原因，即便对方错得很明显，他们也会要求孩子反省、认错。这看似是在教育孩子，却无形中让孩子受到了不公平对待。孩子会感到非常委屈，甚至会失去信心，自暴自弃。即便以后受到了欺辱和霸凌，孩子可能也不会向家长求助了，而是默默忍受，隐忍退让。久而久之，孩子就很容易形成懦弱、自卑的性格。

那么，当男孩之间发生冲突时，家长该不该插手呢？

1. 明确什么时候应该介入

一般来说，男孩之间打打闹闹不会引起什么伤害，也不需要大人的干涉。如果大人急着介入，反而会剥夺男孩获取宝贵社交经验的机会。男孩之间的冲突是难免的，但冲突发生之后，能够解决冲突才是男孩应该学会的。

原则上来讲，有冲突、有矛盾应该尽量让男孩自己解决。作为父母，可以充当旁观者，而不是仲裁者，可以给孩子提出建议。如果孩子没能力解决冲突，父母再找准时机介入也不迟。

那么，应该什么时候介入呢？如果孩子之间的冲突升级到暴力，出现了如打、咬等明显会造成孩子受伤害的行为时，大人就应该立刻介入并制止。但是不要马上呵斥进攻的孩子，而要先安抚受伤的孩子。

2. 公平制止，不要偏袒任何一方

所谓公平制止，是指不拉偏架，不偏袒自家孩子，而要把孩子关注的焦点集中在问题本身，而不是冲突上。

生活中，有些家长会在介入后偏袒自己的孩子，有些家长则会替对方孩子说话，还有些家长会纠结于"是谁先动手的"。这都不是公平的介入法则。家长应该认识到，一旦介入了孩子的冲突，就应该充当和平使者，而不是仲裁者。谁先动的手已经不重要，重要的是制止这场冲突，引导孩子解决冲突。

3. 大事化小，小事化了

在介入孩子的冲突之后，家长应引导孩子大事化小、小事化了。这样有利于培养孩子豁达、友善的性格。家长首先要向孩子传达这样一种信息，人与人之间偶尔有冲突是在所难免的事情。

孩子的世界其实很简单，冲突造成的不愉快只是事情发生的那一段时间。我们常常看到两个孩子刚才还在闹矛盾，过几分钟又玩到一起了。

4. 要警惕校园欺凌

当孩子频繁告诉你，他与人发生冲突，或总是被人欺负时，你应该先确定：孩子和一个人发生冲突，还是和多个人发生冲突；是偶然性的，还是经常性的；冲突的方式是怎样的。如果确定孩子只是和一个人发生冲突，那就可以排除校园欺凌。如果孩子被多个人欺负，那么家长应该在第一时间了解事情始末，搜集证据，并将问题反映给老师。家长切勿对孩子说："咱惹不起，躲得起。"因为这不是解决问题的办法，时间长了，孩子还会形成退缩型人格，甚至变得自卑、焦虑、孤僻。

育儿感悟

孩子之间发生一些矛盾冲突，未必就是一件坏事。人际交往中的不愉快经历，会使孩子不断成长，也会教孩子学习如何与人相处。所以，家长可以用豁达的心态看待孩子之间的冲突，引导孩子掌握一些交际技巧，如宽容别人、谦让同学等。

学会道歉，是男孩成长的必修课

年幼的孩子由于缺乏是非观念、责任意识和自我控制的能力，对自己所犯的错误认识不足，不懂得道歉。但随着年龄的增长，男孩的道德感、羞耻感等高级情感的发展趋于完善，教男孩学会道歉是父母必须重视的问题。

13岁的吴刚是个名副其实的"小霸王"，和小区的孩子玩时，不是推倒邻家妹妹，就是故意去抢别人的东西。爸爸妈妈经常要为吴刚闯的祸向人道歉，可吴刚自己连个"对不起"都不说。

有一次，妈妈带吴刚到姨妈家做客，吴刚和同龄的妹妹玩成语接龙游戏。玩着玩着，吴刚接不下去了。妹妹见状，就笑着说："这么简单都不会！还说你在家经常看《成语大全》呢！要不要给你一个提示呢？"

吴刚觉得没面子，生气地一把推倒了妹妹。妹妹坐在地上，大声质问吴刚："你凭什么推我，打人算什么本事！"

妈妈闻声过来，拉住正准备再次动手打人的吴刚，要他向妹妹道歉，可是吴刚不说话了。眼看妈妈伸出手就要打自己了，吴刚才不服气地拉着长声说："我错了，哼！"看着吴刚一副不知错的模样，妈妈真是又急又气。

　　男孩逐渐步入青春期后，脾气更易暴躁，加之任性调皮，心理又不是很成熟，犯错是很正常的。让青春期的男孩知错认错，懂得向别人道歉，这并不是一件容易的事，但却是人际交往的必修课。

　　礼貌地道歉有助于男孩认识到错误的严重性，并获得别人的谅解，从而促使其更愿意去纠正错误。学会道歉能将男孩从不良行为和恶习的黑洞中拉出来。这样不但能提高孩子声誉，树立孩子的形象，还能有效地改善男孩的人际关系，使男孩成为一个有教养、懂礼貌的小绅士。

　　那么，父母怎样才能教会孩子正确地道歉呢？

1. 带着孩子一起道歉，给孩子做示范

　　男孩做错了事情不知道道歉，往往与父母不知道道歉有关。有些父母没有正确的是非观念，做错了事情之后，不主动道歉，反而把责任推给别人，指责别人不对。如果孩子长期受到父母这样为人处世行为的影响，自然是不会主动道歉的。

　　如果父母是谦谦君子，做错了事情知道承认错误、懂得道歉，就会给孩子好的示范，孩子在不知不觉中就能学会道歉。比如，在家庭生活中，爸爸和妈妈争吵了几句，事后爸爸主动对妈妈说：“抱歉，我刚才不应该对你大喊，你没有错，只是我今天心情不好，请你别往心里去。”如此一来，就能给孩子上一堂宝贵的交际课。

　　当然，如果有机会，父母还可以带着孩子一起道歉。如，孩子做错了事情不好意思道歉，父母可以自我检讨，带孩子去道歉。相信这样的道歉经历会让男孩记在心中。

　　一个12岁的男孩在乘电梯时，把所有的楼层都按了个遍。邻居非常不满，就投诉到小区保安那里。男孩的爸爸知道了这件事就教育儿子，乱按电

梯不仅会耽误别人乘电梯，还会影响电梯运行的安全。男孩听后连连点头，表示以后再也不这样做了。

"那你写一份检讨书贴在电梯里，给大家道歉！"爸爸说。

男孩拼命地摇头，说什么也不肯写。

爸爸说："爸爸没有把你教育好，爸爸也有责任，我们一起写！"

在爸爸的提议和指导下，父子俩各写了一份检讨书。男孩在检讨书里说明了事情原委，还向大家保证，以后再也不做这种事情了。

爸爸则在检讨书上说："身为父亲，我对孩子的行为负有不可推卸的责任，我向大家道歉，请大家一起监督我家孩子的行为。"

随后，父子俩把检讨书贴在了电梯里。

看了这位父亲的教子故事，你有什么感触呢？如果天下父母都能像这位父亲那样，明智地教育男孩，相信每个男孩都懂得道歉，也都能知错改错。

2. 第一时间道歉，做个敢作敢当的人

当孩子做错了事情时，父母应该教孩子在第一时间道歉。第一时间道歉，体现的是一种敢作敢当的品质，是积极承担责任的态度。做错了事情，给别人造成了伤害，若能第一时间道歉，将会最大限度地缓解别人的不满和痛苦。反之，迟迟不肯主动道歉，到最后才被逼无奈道歉，则会让道歉失去意义，也难以得到别人的谅解。

3. 道歉要诚恳，最好做出弥补行动

既然选择了道歉，那就应该表现出诚恳的态度，认真地道歉。如果孩子嘴里的"对不起"三个字，就像发射器一样，在犯错之后马上发射出去，没有一点儿感情，那么，这种敷衍式的道歉不仅得不到别人的谅解，反而会让别人更加不满，甚至会激怒别人。

4. 道歉后，给接受道歉者一点儿时间

父母要教育孩子："当你诚心诚意地道歉，甚至重复道歉之后，如果对方没有什么反应，那么你不要着急。千万不要说：'我都道歉了，你干吗还生气！'因为道歉是你的责任，是你应该做的，别人是否谅解你，是别人的自由和权利。所以，请给对方一点儿时间，借着这段冷静的时间，可以观察对方是否有想要原谅你的迹象，或再寻找其他能够让对方谅解的方式。如，递给对方一个纸巾，给对方倒杯水，收拾一下因错误造成的残局。"

育儿感悟

道歉是体现一个男子汉有责任感、有担当的行为。所以，我们在你很小的时候，就以身作则地告诉过你，如果你做错事了，就需要道歉。我们做错时，也会向你道歉，道歉是你为自己的过错负责的一种行为。懂得向他人道歉，才会拥有更多的伙伴，才会成为真正的男子汉。

莫让孩子"宅"在家，男孩就该多参加集体活动

男孩的身心健康关系到每个家庭的幸福，而男孩的身心健康与家庭环境、学习环境、成长过程是密切相关的。许多男孩随着年龄的增长，会出现各种各样的问题，其中常见的问题就是人际关系不好。那么，这类男孩通常存在什么心理呢？

陈成是一所重点初中的初二男生，原来学习成绩一直很好，但不爱与人交往。每天放学回家，就躲在房间不出来，除了吃饭、洗漱。在学校，他也总是一个人坐在座位上默默地发呆，或埋头于书山题海。他拒绝一切体育活动，也拒绝一切室外活动。在他眼里，上学只是为了学习。

后来，他喜欢上了玩游戏，一开始还能先写作业，再玩游戏。到后来，他变成熬夜玩游戏。由于他头脑聪明，即使在学习上不那么用心，成绩也保持在班级中上等。但随着对游戏的痴迷程度越来越深，他的成绩出现了明显的下滑，眼睛也近视了。

对于陈成的成绩，父母倒是不那么担心，他们相信只要陈成不那么"宅"，积极走出家门，走进集体活动中去，在与人交往中感受到快乐，他就

能够慢慢淡化对游戏的痴迷。可是，怎样才能让陈成不再"宅"在家里成了父母头疼的问题。

男孩不爱交际，喜欢"宅"在家里，这种现象并不少见。那么，为何越来越多的男孩更愿意"宅"在家里呢？这对他们的身心健康会造成什么影响呢？

据调查研究发现，长期"宅"在家里的男孩，很容易因缺乏运动而导致身体素质变差，还会因缺少与人交往而变得性格孤僻。相比于积极参加集体活动、积极与人交往的孩子，小"宅男"长大以后，一般会在以下三个方面与同龄人存在较大的差距。

1. 人际交往方面

"宅"在家里的孩子，几乎接触不到新事物，没有人会教他如何与人交往。而经常走出家门与人交往的孩子，则有更多的机会学习与人打交道，见识也会更广。

2. 知识面方面

整天"宅"在家里的男孩，最常做的事情就是看电视、玩电脑，无法接触到外面的世界。因此，这在一定程度上会使孩子的知识面变窄。而那些经常往外跑的孩子，可以接触大自然，结交各种各样的玩伴，看到各种各样的事物，他们从中不仅能够获得乐趣，还能拓宽视野。

3. 性格方面

经常"宅"在家里的男孩，往往性格偏内向，即使性格不内向，但由于长期"宅"在家里，也容易慢慢变得内向。而经常往外跑的孩子，相对来说性格会开朗得多，容易结交朋友，也更容易与人相处。

了解以上三个方面的差距后，相信每一位父母都希望孩子积极走出家门。那么，父母应该怎样引导男孩呢？

1.对男孩的"宅"要区别对待

如果孩子人际交往能力较强，户外活动参与性较高，就算平时喜欢"宅"在家里，父母也不用担心。如果孩子的"宅"是在缺乏社交能力情况下的无奈选择，父母就要警醒起来，赶紧帮助孩子提升交际能力，逐步引导孩子走出家门。

2.为孩子创造外出交际的机会

想让"宅男"变得乐于交际，父母就要给孩子多创造交际的机会。如经常带孩子走亲访友，和朋友们一起带着孩子们去参观游览、旅游踏青、观看演出节目等。还可以邀请亲戚朋友的孩子来家里玩，让孩了有机会接触到更多的玩伴，慢慢打开孩子的心扉，提高孩子与人交往的热情和积极性。

3.鼓励孩子积极参与集体活动

父母可以根据孩子的能力、兴趣爱好组织集体活动，发挥同伴间的鼓励作用，提高孩子的自信。如几个朋友带着孩子们在公园的草坪上玩老鹰捉小鸡的游戏。通过类似的集体活动，让孩子感受到快乐，激发孩子与人交往的热情。父母还可以鼓励孩子在学校多参加体育活动，如和同学打篮球、踢足球等。

4.要积极发挥荣誉的激励作用

当孩子在集体活动中取得进步，或有突出表现时，父母应该给予孩子肯定和表扬，如，"今天你在足球比赛中进了两个球，帮助你们班获得了比赛的胜利，你的表现太棒了！""东东，你今天的表演很出色，爸爸真为你高兴！"类似的鼓励性语言是激发孩子参与集体活动的无形动力，父母千万别放弃任何一个表扬孩子的机会。

┌─────────── 育 儿 感 悟 ───────────┐

　　你有一段时间一直"宅"在家里，这虽然没什么，但你若是没有朋友，那对你来说也算是一种缺失。所以，我们一直在引导你多参加一些活动、多参加各种聚会。现在看到你慢慢喜欢出门和朋友一起玩了，看到你脸上又重新有了笑容，我们倍感欣慰。

男孩不能只想着自己，需要拥有团队意识

很多家长觉得男孩子应该从小多学一些才艺，希望在未来能居于不败之地。可是，他们却忽略了对男孩进行团队合作能力的培养。结果孩子学会了表现自己，只想让自己显得与众不同，却越来越不擅长与人合作。

星期六下午，妈妈应儿子的"邀请"，去学校助战他的足球比赛。比赛进行得很激烈，但遗憾的是，儿子所在的班队最终以零比二输给了对方。

回家的路上，儿子有些气愤地说："他们都不给我传球！我们一次进攻都组织不起来！我不好容易拿到球，可对方配合又那么好，都找不到机会射门。"

妈妈笑了笑说："不知道你有没有从自己的话里找到这次失败的原因呢？"

儿子一愣，妈妈继续说："我知道，你们都想赢，可是你们班的同学显得太急躁了，而且都很突出个人表现。但对方班级的同学却很讲究团结，他们之间的传带配合很默契，团队合作得非常好，这才是他们取胜的最大法宝啊！"

儿子皱紧了眉头，陷入了沉思，接下来的一路上，他都没再说话。等进了家，儿子就对妈妈说："妈妈，您能把刚才说的话再说一遍吗？下个星期一，我这个队长要给大家开一次会，好好讲讲团队合作的重要性。"

如果一个人缺少团队合作意识，那么仅凭单打独斗，是不可能有太大发展的。正所谓"人心齐，泰山移"，现今社会更多的工作是靠团队协作来完成的，如果孩子没有合作能力，不但很难发挥出自己的特长，也无法享受团队成功所带来的成就感。

所以，家长不要只想着让自己的孩子"出人头地"，应该尽早训练孩子学会与人合作，增强他的团队意识。这样，孩子才能更好地融入一个集体，并在其中发挥自己的光和热，而只有在集体中展现出自己的价值，他才能体会到合作的乐趣。

1. 在生活中培养孩子的团队意识

在家庭生活中也可以通过立规矩来培养孩子的团队合作意识，就像下面这个小故事所讲的：

家里大扫除，妈妈安排好了任务：爸爸清洁厨房与卫生间，妈妈整理大卧室与客厅，9 岁的儿子则主要打扫自己的卧室。妈妈说："以后这就是咱们家大扫除的规矩。让我们发挥团队合作精神，一起把家收拾干净吧！"

儿子好奇地问："搞卫生还要有团队精神？"妈妈笑笑说："当然了。我们全家三口人，每人都掌管着一片卫生区域，无论谁做不好，都不能算是一次成功的大扫除。你说，这是不是团队合作啊？"

儿子恍然大悟地说："还真是，看来我也得好好收拾收拾我的屋子了。"

团队合作在生活中有很多体现，家长平时可以对孩子多加锻炼。除了事例中这种全家集体大扫除之外，还可以全家到超市购物，列一个清单，然后每人负责拿几样东西，直到买齐所有物品为止；或者家长和孩子一起玩多米诺骨牌之类的游戏，虽然是玩耍，但也需要团队合作，否则游戏也无法顺利进行下去。

家长只需要让孩子明白，团队合作就是要每个人都发挥作用，而且还要大家互相之间有所联系，并且不能随意破坏这种规矩。这样，要做的事情才能成功，这个过程也能培养孩子的集体荣誉感。

2. 鼓励孩子多参加集体活动

集体活动往往最能培养孩子的团队意识，因此，当孩子的学校、班级或者同学之间组织了什么有意义的活动，家长要予以支持，并允许他去参加，还要告诉他多注意与他人的协作，不要只想着靠自己一个人的力量完成某件事。可以这样提醒他："活动之前老师或者组织者可能会安排任务，你要专心做好自己该做的事情，如果分组做的话，你就要多和同组的同学交流，看看你们怎么做才能在不起冲突的前提下顺利完成任务。"

3. 教孩子学会欣赏并尊重他人

在团队合作中有一点很重要，那就是成员彼此间是否能够达成默契。而要达到默契，最基本的就是不能歧视团队中的其他人，也不能嫉妒或者反对其他人。所以，家长要教孩子学会欣赏并尊重他人，可以给他讲讲"人各有所长"的道理，引导他发现他人的长处。同时，家长也要帮他分析一下自己的优劣势，让他明白什么叫"优势互补"，并告诉他，团队中的人只有做到互补，才可能圆满完成一件事，任何一个人如果不尊重其他人，都有可能会影响到他自身能力的发挥，也将影响整个团队的利益。

4. 提醒孩子多和团队中的人进行沟通

每个人都有自己的想法，成员之间会出现意见不合的情况，所以团队中有不和谐的声音是在所难免的。关键就要看人们如何避免或去除这些不和谐"音符"，这也是保证团队合作顺利的重要因素之一。所以，家长要鼓励孩子与人多沟通。而且，平时当家长的意见与孩子的意见不同时，家长就要说出自己的意见，并引导孩子说出他的想法，然后两者对比，看看怎样做才是正确的。不过，家长也要提醒孩子，如果他的意见是正确的，那么千万不能骄傲，也不能因此就瞧不起别人，而是要认真、耐心地将意见表达出来，并使他人信服；如果他的意见是错误的，也没必要感到沮丧，只要改正错误的认知，并认真做好自己该做的就可以了。

育儿感悟

因为你从小生活在长辈的羽翼下，缺少团队意识，做什么事都习惯以自己为主。我们发现这样对你的交际和以后步入社会独立生活非常不利。因此，我们一直鼓励你参加团体活动，融入团队当中。现在，你参加了很多社团，你也发现了很多事情的完成都需要团队的力量。看到你的点滴改变，我们很开心，希望你能一直牢记这一点——团结力量大。

第九章

正确看待男孩青
春期，"早恋"
不是有毒的玫瑰

当男孩开始对异性表现出好感时

　　孩子在成长的过程中要经历三个阶段，在第一个阶段中，他们与异性之间是两小无猜的关系，彼此心意相通毫无芥蒂。在第二个阶段，他们会故意疏远对方。这个阶段通常出现在小学中高年级时，这时孩子正处于儿童时期的末端，他们已经形成了男女有别的意识，却又与异性不会有太多的交集。这个阶段，女孩和女孩玩，男孩和男孩玩是班级里的常态。然而，度过这个阶段进入青春期之后，男孩开始对异性产生浓厚的兴趣，并且开始关注身边的异性。为了在异性面前有好的表现，他们更加注重自己的穿衣打扮，更关注自己的外表，他们的言行举止也会有不同的表现。

　　有些男孩在意识到自己对女孩的好感之后，会感到非常羞愧，甚至觉得自己这样对女孩生出异样的感觉是不好的行为。实际上，青春期的男孩对女孩产生好感是正常的现象。男孩在感受到心中的异样感觉时不要有过分的罪恶感，否则就会导致自身的情感发展遇到障碍，变得扭曲。最好的方式是接纳和正视自己的感情，或者采取转移注意力的方式，把更多的时间和精力用于学习，这样一来，就可以避免因为对异性的好感而影响正常的生活和学习，也可以利用在异性面前好好表现的心态督促自己更加努力上进。

最近，刘军喜欢上了坐在他前排的女孩，原本他对这个女孩并没有特别的感觉，但是升入初三之后，他会不自觉地看着女孩的背影。然而刘军表达自己对女孩喜爱的方式很特别，他想引起这个女孩的注意，有的时候会用东西夹住女孩的头发，有的时候会故意推女孩的椅子，看着女孩生气的样子，他的心里就得意扬扬。

女孩对刘军提了好几次意见，要求刘军收敛行为，但是刘军并未有所收敛，反而变本加厉。无奈之下，女孩只好找到老师要求调换座位。

青春期男孩如何度过异性好感期呢？首先，男孩要摆正心态，自然大方地与女孩交往，青春期男孩对女孩产生好感是正常现象，因此无须感到羞愧。如果男孩能够做到与女孩坦诚相见，在学习上相互帮助，那么这样的友谊就是值得赞许和提倡的。其次，男孩在与女孩交往的时候一定要把握好分寸，很多男孩不理解女孩的心思，在对待女孩的时候也像对待同性那样随意，殊不知女孩的心思是很细腻的，也很敏感脆弱，男孩在面对女孩的时候一定要谨言慎行，不要开低俗的玩笑，更不要随便与女孩进行肢体接触。总之，男孩要与女孩相互尊重，平等对待对方，如此才能与女孩之间发展积极向上的健康友谊。

与女孩约会，父母不必如临大敌

很多家长一听到孩子约会就心惊肉跳。在他们看来，约会可能意味着"早恋"，而"早恋"会严重影响学习。所以遇到这种情况，家长会紧张、警觉，也会困惑，他们会不自觉地想"难道孩子'早恋了'？""孩子是否成熟到可以和异性约会？""如果孩子不听劝告去约会，要教孩子注意什么问题？"如果处理不好这些问题，孩子很容易与父母发生冲突，引起亲子之间的矛盾。

一天傍晚，李女士的儿子不经意间说："明天是我同桌刘艳的生日，我打算请她吃饭。"

李女士吃了一惊，不禁脱口而出："你就请她一人？她答应了吗？"

儿子轻描淡写地回答道："对啊，她答应了啊，不就吃一顿饭嘛。"

平时自命为"民主教育"的李女士一时竟然有些语塞。过了一会儿，她装作漫不经心的样子问："儿子，为什么你不多请几个同学呢？那样更热闹啊！"

其实李女士打心眼儿里不愿意儿子单独请女同学吃饭，那不就是单独约会吗？莫非儿子喜欢那位女同学？难道儿子"早恋"了？李女士越想心里越着急，但又不知道怎么和儿子说……

约会是孩子成长过程中十分重要的一部分。根据许多研究显示，青少年约会益处很多。约会是一种获取乐趣和休闲的生活方式，有助于提升孩子间的友谊，增加彼此的认同感。还有利于培养孩子社交礼节，提升孩子的社会交往能力。所以，家长不必对孩子和异性约会提心吊胆。

也许在男孩看来，与女同学约会不过是吃一顿饭，或是一起看个电影，一起参观一下艺术中心，这是再正常不过的事情。如果父母如临大敌，横加阻拦，反而会激起孩子的逆反情绪，使孩子更加坚定约会的决心，甚至男孩会出于对抗心理，延长在外约会的时间。

那么，父母该怎样对待男孩的约会问题呢？

1. 正视青春期孩子的约会

对于孩子的约会问题，父母不必提心吊胆，但必须在思想上引起重视。如果孩子主动和父母谈起约会这件事，说明孩子是比较信任父母的，也能说明孩子的约会属于正常的同学交往。所以，家长没必要强行阻止，选择信任孩子是比较明智的。否则，以后孩子和女孩约会，是不可能告诉父母的。

2. 别像审问犯人似的刨根问底

对于孩子主动告知约会的计划或被人约，父母可以感谢孩子的信任。可以对孩子说："谢谢你能主动告诉爸爸妈妈这件事，关于这件事，爸爸妈妈很想听听你的看法。"

这时，家长要了解孩子主动约会的目的以及邀约他的异性的情况，如女孩曾帮助过自家的孩子，他想表达感激，所以约女孩一起吃饭或看电影。或者女孩主动约自家男孩，只是希望和他关系更近一些，成为更要好的朋友，或是请求男孩帮忙等。所以，遇到这类情况，家长别急着大惊小怪，也别像审问犯人一样刨根问底，而要以轻松、诚恳的态度，像朋友间闲聊一样和孩子沟通，相信孩子会对你如实相告。

3. 根据你了解到的情况做判断

假如家长从男孩口中得知，他想约会的女生是个学习成绩优异、性格和善、非常好相处的人，孩子想和她处好关系，成为要好的朋友，把她当作学习上的标杆，那么，家长就可以判断孩子约会那个女生是很单纯的交朋友。对于这种情况，家长应放心地允许孩子去约会。

假如别的女生主动约自家孩子，只是为了表达感激，或请求帮忙之类，那么你可以充分信任孩子，让孩子自己做出决定。

假如别的女生喜欢自家孩子，想追求他，那就得征求孩子的看法。判断孩子和对方是否彼此互有心意，如果是女孩的"单相思"，家长可以试着引导孩子认识到此时接受约会，可能会引起对方的误会。如果双方"情投意合"，家长应提醒孩子注意保持好单纯的同学关系。

4. 持续关注孩子约会后的举止

由于孩子进入青春期后，会对异性比较好奇，也会与异性约会，因此，父母要关注孩子约会的后续问题。如果孩子只是偶尔约会，平时没有晚归的表现，行为也没什么异常，如接打电话神情自然，发短信也没有躲在角落里等，那么父母大可不必忧心忡忡。

育儿感悟

　　谁说交朋友就一定要交同性的朋友？异性的朋友还可以起到性格互补的作用，能够更好地配合完成学习上的任务。所以即使你真的结交了异性朋友，只要你保持好彼此之间纯粹的友谊，爸爸妈妈就会支持你。

若是遭遇失恋，尽快帮助男孩摆脱困扰

青春期男孩既要鼓起勇气追逐健康的异性友情，也要做好承受失恋打击的准备。当遭遇挫折的时候，如何摆脱失恋的困扰，对于男孩而言是必须思考的问题，也是需要男孩鼓起勇气去面对的事情。

事实上，遭遇失恋困扰的时候，很多男孩都会一蹶不振。其实人生是漫长的，谁也不能保证自己此刻遇到的人就是一生之中那个对的人。

好不容易鼓起勇气向心仪的女孩表白后，张磊陷入了失恋的困扰之中，原来那个女孩压根不喜欢自己这种类型的男孩子。为此张磊感到非常苦恼，在学习上曾经充满干劲儿的他，现在总是感到颓废沮丧，尤其是他和女孩坐同桌，这让他每天都感到难以面对。曾经，他盼望着每时每刻都能看到女孩，但现在他只想逃避，再也不想见到女孩了。

在这样的情况下，爸爸妈妈意识到了张磊的异常，妈妈特意让爸爸去和张磊沟通，了解具体的情况。然而张磊不愿对爸爸说出他的心思。作为成年人的爸爸当然知道儿子到底是怎么回事，因此爸爸对他进行了耐心的引导。

爸爸语重心长地对张磊说："孩子，你还小，还不知道真正的爱情是什么样子。也许你现在觉得自己是真爱一个人，但是随着时间的流逝，你最终会知道爱情绝不像你想象中那么简单。这就是为什么很多中学生谈恋爱总是无疾而终的原因，其实不光是初中生，包括大学生谈恋爱能最终走向婚姻的也不多。你现在要做的是努力提升自己，而不是急于寻求爱情。你要相信，当你足够优秀的时候，爱情一定会来敲开你的心扉。"

虽然张磊还不太理解爸爸的意思，但是他很清楚爸爸说的是对的，他告诉爸爸："我会努力控制自己的情绪，认真地学习，我要让自己变得更加优秀。"经过一段时间的自我调整，张磊终于从失恋的阴影中走出来，如今的他变得更加阳光开朗，学习成绩也有了显著提高。

面对失恋的苦闷，一定要保持内心的冷静，更加理性地对待恋爱，也要学会勇敢地面对失恋的痛苦。

失恋的时候，青春期男孩可以积极地向父母倾诉，也可以向好朋友倾诉，这样可以排解压抑在心底的消极情绪，从而减少心理疾病的发生。很多男孩之所以在失恋之后做出报复行为，就是因为内心失去平衡。其实如果能够找到方法让自己内心保持平衡，他们就不会对对方由爱生恨。所谓金无足赤，人无完人，只要善于发现，就一定会看到自己喜欢的女孩身上也有缺点，这样一来，男孩对女孩的喜爱之情就会降低，也可以有效地帮助自己走出失恋的困境。

当觉得生活枯燥乏味的时候，不如主动转移自己的注意，让自己做更多有趣的事情，这样一来既可以打发时间，消耗精力，也可以让自己在成长的道路上更加顺遂如意。当然，正如事例中张磊的爸爸所说的，男孩足够优秀，自然会在未来等到最美好的爱情，这样男孩也可以化悲痛为力量，把失恋的痛苦转化为努力学习的动力，让自己努力前进。这样一来，当男孩步入更广阔的将来、自身足够优秀的时候，自然会赢得周围女孩的关注。

育儿感悟

　　每个人都有属于自己的爱情，你的爱情也许出现得早，离去得快，但我们不必惋惜它的离去，而是要知道，只有在最合适的年纪里，才能拥有最美好的爱情，坦然接受失落，才能让自己的内心不断成长，让自己更加趋于成熟。

性幻想不可怕，那是男孩的生理现象

什么叫性幻想？从生理学的角度来说，性幻想指的是人在神志清楚的状态下进行性方面的想象。这些想象带有自编自演的性质，而且具有鲜明的情节特征和故事片段，所以性幻想也叫做白日梦。青春期男孩为何会进行性幻想呢？这是因为青春期的男孩性意识不断地觉醒。青春期男孩正处于特殊的人生成长阶段，所以出现性幻想，不必觉得自己很堕落、很邪恶，而应意识到性幻想是正常的心理状态，试着接受自己这样的状态并思考选择合理的办法分散注意力。

有一些青春期男孩因为受到书刊、电视、电影等内容刺激，他们性幻想的次数也特别频繁。因此，当男孩在出现性幻想的时候，不要总是否定自己，更不要误以为自己是一个道德败坏的男孩。当然，对于性幻想，男孩不能放纵自己，如果男孩长期沉迷于性幻想之中，会容易陷入恶性循环。所以当出现性幻想的时候，男孩要接受这种情况的发生，更要采取适度的手段控制自己，例如可以采取转移注意力的方式让自己更多地投入体育运动之中，也可以把更多的时间和精力用于学习。为了避免刺激自己进行性幻想，男孩还应该尽量减少接触与性有关的书籍、报刊、电视、电影等。

一天，李程正在网上浏览新闻，突然有一个网友给李程发来一个压缩文件，李程想都没想就打开了文件夹。当即，文件夹里的那些赤裸裸的图片，让他受到强烈的冲击。他非常紧张，却又非常兴奋，忍不住面红耳赤地继续瞪大眼睛看着这些图片。为了避免被爸爸妈妈发现，他赶紧把房门关上。当天晚上，李程久久不能入睡，他想到了自己喜欢的女孩，又想到了图片上的内容，一直沉浸在幻想之中无法自拔。

次日清晨，李程起床的时候双眼浮肿，明显睡眠不足，妈妈看到李程的样子很惊讶，还以为李程身体不舒服呢。在妈妈的询问下，李程搪塞着回答自己很好，妈妈感到很奇怪，就把李程的情况告诉了爸爸。

此后很长一段时间李程做什么事情都无法集中注意力，他总是想象自己和喜欢的女孩在一起，睡眠质量也越来越差。了解到李程最近的情况，爸爸和李程进行了深入沟通。李程非常懊悔地告诉爸爸自己看到了不好的东西，爸爸听了后并没有责怪李程，而是对李程说："李程，这种情况对青少年来说是很容易发生的，但是你要自觉地去避免这种情况的发生，因为你现在还小，没有长大成人，你把图片彻底删除掉，然后爸爸会带你进行更多有益的活动，渐渐地你就会忘记那些画面。"在爸爸的指导下，李程彻底删除了图片，每到休闲的时候，爸爸就会陪着李程一起去运动，或者爬山，或者骑行，渐渐地李程终于把性幻想抛之脑后，又投入到充实的生活之中。

沉迷于性幻想会让青少年陷入迷惘的状态，甚至因为始终沉迷于性幻想而变得精神涣散，这对青少年的身心发展是极为不利的。要想避免沉迷于性幻想，家长就不能放任青少年接触过多的性刺激信息，在看到不良的图片和影视剧时，一定要积极地回避。此外，事例中爸爸所采取转移注意力的方式也是很有效的。很多青春期男孩都有精力过剩的现象，父母要引导他们把多余的精力都用在正确的事情上，这样男孩才不会沉迷于性幻想。

育儿感悟

随着不断成长，你必然会面临更多的成长困境。必要的时候，要向爸爸求助，也可以将你的困惑告诉妈妈。唯有如此，爸爸妈妈才能引导你正确地走过困境，从而让你的生活变得更加充实和精彩。

真正的男子汉，需要控制好性冲动

随着不断成长，男孩的身体渐渐发育成熟，心理上对于感情的渴望也更加强烈，因此青春期男孩一定要控制好性冲动，如此才能主宰自己。每个人都有很多本能的冲动，要想控制这些冲动是非常困难的。正如一位名人所说的，每个人最大的敌人都是自己。因此，青春期男孩必须学会控制自己，才能最大限度调整好心理状态。

眼看着就要初中毕业了，同学们聚在一起就餐，何辉终于有机会和自己喜欢的女孩并排而坐。看着女孩面色绯红，他突然产生了无法控制的性冲动，很想冲上去拥抱女孩。因为同学们在面前，所以他只能控制住自己的欲望。

聚餐结束后，何辉主动提出送女孩回家。走到一条昏暗的小巷子里时，何辉突然抱住女孩，女孩很生气，好不容易才挣脱何辉的怀抱哭着跑回家里去。何辉很担心女孩把这一切告诉父母，无奈他只能回到家里把这件事情告诉了爸爸妈妈。爸爸妈妈听说何辉做出了这种事情，当即狠狠地批评了何辉。爸爸看出来何辉很害怕，在深刻教育了何辉之后，又安慰何辉："事情既然已经发生了，咱们就要去面对，你最好给人家道个歉，毕竟你们是同学。"在爸爸的建议下，何辉当晚就给女孩发了一条微信，真诚地向女孩道歉，并且诉说了自己在初中三年对女孩的喜欢。女孩没有回复，何辉后来去学校拿成绩报告单的时候，看到了女孩，女孩没有和何辉说话就走了。

青春期男孩在性冲动的影响下容易做出出格的举动，这是因为他们的性意识刚刚觉醒，尤其是当男孩有喜欢的女孩时，一旦有合适的机会，他便很难控制自己。所以，青春期男孩要理性地避免和喜欢的女孩单独相处，而应该在人多的场合和女孩正常交往，这样可以对自己产生约束力，也能避免伤害女孩。

人是有思维、有理性的，青春期男孩一定要懂得努力让理性占据上风，控制好自己的冲动，让自己成为身体的主宰，以理性约束好情感，这样也能够帮助自己在异性面前有更好的、正确的表现。

要想避免陷入青春期性冲动的状态，首先，男孩一定要避免过多的情绪刺激，因为青春期男孩的情绪很容易激动，意志力相对薄弱。在性刺激强烈的情况下，男孩往往无法有效控制自己，也会导致性冲动变成切实的行动，乃至对别人造成无法挽回的伤害。其次，男孩可以与更多的异性和同性同学相处，尤其是积极地参加集体活动。在集体活动的过程中，男孩才可以更好地学会与人相处，才能有效地控制自己。当然，最重要的还是在于主动提升自制力。

育儿感悟

正处于青春期的你，要为自己的人生制订明确的目标，并且规划自己的理想。这样，在将来遇到心仪的女孩时，才能够保持理性，也才能够通过各种方式控制自己的言行举止，从而与女孩建立健康的友谊。

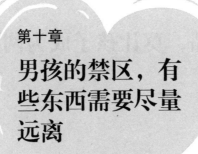

第十章

男孩的禁区，有些东西需要尽量远离

控制电子产品，莫让孩子成为网瘾少年

　　孩子很多都喜欢电子产品，有些孩子对电子产品过度迷恋使家长很苦恼。其实，孩子看电子产品还是有其好处的，一是可以陶冶情操，二是能够启迪智慧。电视节目丰富多样，不同年龄的孩子都能有针对性地去观看，不但能开阔眼界，增长知识，还能使孩子的新闻感知度与是非判断能力得到提高。但是电子产品也会给孩子带来不好的影响。从身体健康方面来说，如果孩子长时间坐在电子产品前一动不动，就减少了活动时间，容易造成肥胖。孩子处于婴幼儿时期时，视网膜和晶状体发育还未成熟，过长时间观看电子产品，容易影响孩子的视力发育，对视网膜和晶状体造成损伤。

　　从心理健康上来说，电子产品上有些不健康的或是消极的内容，会影响孩子的心灵发育。如果一个人在幼儿时期就对电子产品内容着迷，他们的脑部可能会被过度刺激，致使正在发育的大脑结构发生改变，这就相当于受到电子影像的"催眠"。

　　作为父母，我们不能否定电子产品的优点，但也不能忽视其缺点，因此父母应告诫孩子"凡事都要适可而止"，特别是在看电子产品这个问题上，更应该讲究分寸。可是如今越来越多的家长抱怨，自己的孩子对电子产品过分着迷，每天一进家门打开电子产品就坐下观看，能一动不动坚持一两个小时，什么事情都顾不上，就连吃饭的时候都要目不转睛地盯着电子产品。

幼儿园大班的小一飞特别喜欢看电子产品，最近他迷上了一部动画片。每天小一飞从幼儿园回到家中的第一件事就是打开电子产品，然后坐在沙发上观看。奶奶让他去洗手，他也听不见，让他吃水果，他也不去拿，奶奶只好把水果递到他的手里。但就是这样，他的心思也全都放在动画片上，随便吃两口就继续看电子产品了。

一会儿奶奶做好饭，爸爸妈妈也下班回来了，他们呼唤小一飞过去吃饭。小一飞说："不行不行，我还没看完动画片呢。"爸爸和妈妈就轮番劝说，但小一飞不为所动。如果爸爸妈妈强烈要求，小一飞也会过去吃饭，但只是随意吃两口就说自己吃饱了。等到动画片播放结束之后，爸爸妈妈已经收拾完餐桌了，这个时候小一飞又说自己饿了，刚才没吃饱。

这样反复几次后，爸爸非常愤怒，告诉小一飞："以后大家吃饭的时候，你一定要一起吃，不能再看电子产品。"然后强行断了网。小一飞不停哭闹，不开电子产品就拒绝吃饭，爸爸气得没办法，但又拗不过他，只好再次把网络打开。

孩子过分迷恋电子产品，让父母心力交瘁。父母要想帮助孩子矫正这个坏习惯，可以参考如下方式。

1. 父母要起到表率作用

其实，在现实生活中，不仅孩子迷恋电子产品，大人们也同样离不开电子产品。有些经常手拿电子产品一动不动地连着看好几集电视剧，并乐此不疲。但是他们却要求孩子到房间去做作业、去读书，并喋喋不休地说着小孩子看电子产品的坏处。俗话说，"言传不如身教"。父母与其不辞辛苦地劝告，还不如以身作则，先把自己看电子产品的时间安排妥当。当孩子做作业的时候，千万不要打开电子产品。如果孩子在自己独立的空间内学习，父母在客厅看电子产品时也要尽量调低音量，不要打扰孩子。

2. 逐渐减少孩子看电子产品的时间

如果孩子坐在电子产品前一动不动，父母首先要避免的一件事就是强行关掉电子产品。这样做虽然显示了父母的权威，却相当于剥夺了孩子的权利。因为孩子每天在家中都要看电子产品，已经将其作为生活的一部分，如果遭遇父母强行阻止，很可能会对父母产生抵触心理。最好的处理方式就是先跟孩子约定好看电子产品的时间，例如从周一到周五，每天可以看一个小时的电子产品，到了时间就要关掉电子产品。另外，在观看电子产品的时间内，还要跟孩子约法三章，例如，看电子产品之前先要做作业或是看完之后就要去做功课，或者是吃饭的时候不能看，等等。待父母和孩子双方达成一致后，就可以按照此规则执行。

3. 父母陪孩子一起看电子产品

如果孩子在看电子产品的时候，父母能陪同，一方面对家庭氛围的和谐发展有好处，另一方面父母可以帮助孩子有选择地看电子产品，避免不良内容对孩子的危害。如今电视节目广告众多，容易让孩子受到迷惑，特别是一些食品，宣称健康，却含有非常高的热量和脂肪。孩子自控力差，很容易受广告影响去购买，父母陪同孩子看电子产品，可以对广告内容解释说明，避免孩子上当，或是直接屏蔽掉广告。

4. 转移孩子的注意力

孩子如果对一个电视节目表现出极大的兴趣，有时很难转移他们的注意力，但是也可以尝试一下用孩子最喜欢的事情去吸引他们，例如带他们出去散步，和其他小朋友玩耍，或是给他们玩玩具，等等。孩子如果长时间待在家中，势必会借助电子产品感受不一样的生活。如果多带他们出去走走，和其他孩子玩玩，就会分散他们对电子产品的关注度，也会有利于孩子身体健康。

5.不要在孩子的房间放电子产品

如今人们生活越来越富裕，家中有多台电子产品是常有的事儿。但是，家长尽可能不要给孩子的房间放电子产品。如果给孩子专门准备了电子产品，孩子将会独自躲在房间内看，会不自觉地疏远父母。另外，逃脱了父母的视线，孩子会更加没限制地看电子产品，这样不但会影响他们的休息和学业，如果看到不适合少年儿童观看的节目，其身心还会受到不良影响。

总而言之，如果孩子迷恋电子产品，父母应该及时给予关注，并处理好这类问题。只要父母为孩子细心讲述长久看电子产品带来的危害，并给孩子一定的空间，孩子自然能合理把握自己看电子产品的时间，并有针对性地选择要看的内容。

育儿感悟

孩子，我们并非不让你用电脑、看手机。但凡事需要有一个度，我们要规定你每天使用电子产品的时间。而且，你也应该学会用电子产品来辅助学习，而非沉迷于网络游戏中。你已经长大了，我们相信你有了自控力，相信你能明白我们的意思，也能控制好使用电子产品的限度。

抽烟并不酷，让男孩知道吸烟的危害

抽烟是对身体有百害而无一利的行为，但是很多青春期男孩对抽烟有错误的认知，他们认为只有真正的男子汉才会抽烟，实际上这种观念很糟糕，会把男孩引入非常危险的行为之中。

在青春期，男孩正处于快速成长的阶段，身体的各个部位都处于飞速发育之中，烟草中的有害物质会伤害男孩的身体器官。与成人抽烟相比较，青春期男孩抽烟会受到更大的危害，甚至导致成长受到阻碍。曾经有医学家经过专门的调查研究，结果显示一个人越早开始抽烟，就越容易患上肺癌。因此青春期男孩一定要控制好自己，不要在不该触碰烟草的年纪里染上抽烟的坏习惯。即使长大成人，也要远离烟草，保护好身体。

青春期男孩正处于学习的关键时期，抽烟还会损伤孩子的大脑，导致孩子大脑缺氧，思维迟钝，记忆力和思维能力都大大减弱。而且香烟中的尼古丁是神经毒素，会侵害孩子的神经系统，容易导致孩子患上各种各样的疾病。很多男孩都不知道抽烟还会导致视力低下，患上烟草中毒性弱视，如果这种病症发展严重，还有可能导致孩子失明。由此可见，男孩一定要远离香烟，不要被香烟所诱惑。

　　一个周末，爸爸妈妈都去单位加班，只有马力独自在家里。写完作业之后，马力就开始看电视，在看电视的过程中，马力看到自己最喜欢的男演员做出了一个抽烟的动作，他马上就被吸引住了，同时心中产生了强烈的好奇：抽烟到底是一种怎样的感受呢？对于一个男人而言，这样抽烟真是太酷了。想到这里，马力马上翻箱倒柜，找出爸爸专门用来接待客人的香烟，也点燃了一支，坐在沙发上跷起二郎腿，结果才抽了一口，马力就被呛得咳嗽起来。

　　正在此时，爸爸回来了。看到马力在抽烟，爸爸很生气地质问马力："你怎么就不学好呢？"马力反驳说："我看到家里来客人的时候，你也会陪着客人抽烟呢！"爸爸被马力的这句话问住，不知道如何回答。他想告诉马力，这只是一种人际往来，但是，陪客人真的可以作为抽烟的正当理由吗？爸爸也感到很困惑。

　　要想让青春期男孩不抽烟，爸爸就要为男孩做出表率，不要在男孩面前抽烟。正如事例中所说的一样，即使家里来了客人，难道爸爸就有资格和客人一起抽烟吗？抽烟是对身体有害的行为，每个人都要坚决地抵制香烟，不要因为任何借口去抽烟。

　　青春期男孩的模仿能力很强，当看到爸爸在抽烟时，他就会理所当然地认为自己也可以抽烟。然而，抽烟对肺部的损伤很大，青春期男孩如果沾染上烟瘾，那么未来罹患肺癌的概率就会大大增加。因此，青春期男孩不要因为任何理由去尝试抽烟，最好能够像远离毒品一样，远离香烟。

　　那么，怎样引导男孩远离香烟呢？

1. 留意孩子身上的可疑之处

不要以为在家里看似很乖的孩子就不会吸烟，他们也许会在学校的厕所里，在偏僻的胡同里一起体验这种好奇了很久的神秘东西。如果父母不细心观察，是很难觉察到的。等到孩子对吸烟有了依赖性时，父母再来教育孩子就有点儿晚了。

所以，建议父母平时要多注意观察孩子。如，孩子聚会回到家，身上是否有烟味。说话的时候，可以适当靠近孩子，看孩子呼吸中是否带有烟味。另外，父母如果发现孩子有吸烟的迹象，应冷静地跟孩子交谈，提醒孩子不要吸烟。

2. 告诉孩子吸烟的危害

在如何教育和引导男孩不吸烟的问题上，父母应注意方式方法。仅仅把烟藏起来，或是从零花钱上控制孩子是不够的，父母要让孩子知道吸烟的危害，如吸烟会严重伤肺、香烟中含有的尼古丁等多种有害物质对呼吸器官的损害尤其严重。

3. 父母要给男孩做好的榜样

在吸烟方面，父母对孩子有极大的影响力。父母应注意自己的行为，切不可当着孩子面抽烟，最好能做到完全戒烟，不给孩子做负面的引导。

育 儿 感 悟

孩子，如果你想拥有健康的身体，如果你想未来在绿茵场上快速地奔跑，尽情地运动，就不要沾染香烟。因为香烟中的有害物质不但会伤害你的肺部，而且会损伤你的大脑，甚至损伤你的视力，所以，你一定要远离香烟。

酒不会壮英雄胆，只会壮尿人胆

嗜好烟酒的人都会说诸如烟酒不分家之类的话，很多人不但抽烟，而且喝酒。作为家长，如果父亲在男孩面前表现出抽烟喝酒的恶习，那么男孩往往也会因为模仿父亲而沾染喝酒抽烟的坏习惯。在现代社会，青少年酗酒已经成为一个不容回避的问题。曾有机构专门对大中学生进行调查，发现有相当比例的学生都有饮酒的历史或者有过饮酒的经验。然而，孩子正处于身体快速成长的阶段，过度饮酒或者对酒精形成依赖性，对身体的危害是非常大的。

饮酒会导致人体缺乏营养素，阻碍青少年健康成长，还会导致高血压，加速动脉粥样硬化的形成，最终可能引起心肌梗死或脑出血。饮酒会使青少年性成熟的时间延后，强烈的酒精还会刺激青少年的消化道系统，使消化道系统发生炎症或者产生癌变。此外，酒精对于肝脏的危害非常大，因为酒精是有毒性的，人体需要用肝脏来分解酒精，因而长期饮酒会使青少年的肝功能遭到破坏。而饮酒最直接的危害是让青少年在酒精的麻痹下变得思维不清醒，注意力涣散，这样一来他们还如何能集中精力去学习呢？在酒精的刺激下，青少年还容易失去理性，做出过激的行为，甚至危害自己和身边的人，这样的结果是未成年人无力承受的，因此青少年一定要远离酒精饮品，拒绝饮酒。

张伟常常看到爸爸和朋友们聚集在一起喝酒，看着喝得东倒西歪的爸爸，张伟不知道酒精为何有这么大的魅力，居然能够让爸爸沉迷其中无法自拔，哪怕是妈妈和爸爸吵架，也不能改变爸爸对酒精的迷恋。因此张伟想道：总有一天，我也要尝试一下喝酒的滋味！

暑假的时候，张伟回到奶奶家里，有一天，奶奶和爷爷去走亲戚了，张伟独自在家。趁此机会，他拿出爷爷平日里喝的高度高粱酒，倒了一杯，喝第一口的时候，张伟被辣得直吐舌头，他不得不找出奶奶腌的咸菜吃了一大口，这才算把酒的辣味压制下去。喝第二口的时候，张伟没有那么冲动了，他慢慢地喝了一小口，随着辛辣的酒沿着食道缓缓地流入胃里，张伟觉得自己的脑袋也昏昏然起来。张伟感到很神奇，他又喝掉了剩下的酒，就昏昏沉沉地睡着了。那种半醉不醉的感觉，让他很迷恋，他暗暗想道：难怪爸爸这么喜欢喝酒呢，原来喝酒的感觉这么好呀！

父母要做好榜样，远离饮酒，这样孩子才能更好地约束自己。

育儿感悟

孩子，虽然说酒壮英雄胆，但有的时候酒也会使人变成"狗熊"。你现在正处于人生成长的关键时期，身体的发育速度很快，感情和心灵却不够成熟，所以你应该理性地对待酒精。你还是个孩子，应该做到滴酒不沾。即使长大成人之后，你也不要依赖酒精，因为酒精对人体的危害很大。

男孩子，要正确处理好校园暴力

近些年，校园安全成为人们非常关注的焦点问题。校园暴力极大地损害了青少年的身心健康，青春期男孩正处于情绪冲动的年龄阶段，在面对他人带有侮辱性质的暴力行为时，他们很难控制住自己的情绪，也很难保证自己的行为符合常理。此外，有很多社会闲散人员会进入校园，对孩子们实施暴力行为，这就导致校园暴力变得更加复杂，性质也更加恶劣，更是令青春期男孩面临极大的危险。

校园暴力的情况，并不是最近才有的。随着时代的发展，校园暴力也在不断地升级。如果说最初校园暴力的表现形式是单纯的打架斗殴，那么随着时代的进步，随着校园里各种势力情况越来越复杂，校园暴力甚至带有一定的黑社会性质，且从最简单的打架斗殴发展成勒索敲诈，乃至危及学生们的生命。这对于校园的稳定和学生的人身安全显然是极其不利的。

校园暴力，除了危害孩子们的人身安全之外，还会扭曲孩子们的心灵。心理学家经过研究发现，校园暴力不但会导致受害学生的内心受到伤害，而且会导致施暴学生的内心发生扭曲，产生变态心理。所以无论对于受害者还是施害者而言，校园暴力都是一种不良的邪恶行为。此外，很多孩子都喜欢玩网络游戏，甚至沉迷于网络游戏。众所周知，如今网络上的很多游戏都带着血腥的意味，为此孩子很容易受到游戏的负面影响。校园暴力的发展形势越来越复杂，青春期男孩的成长环境变得更加恶劣。作为男孩，一定要更加理性地面对校园暴力，从而以正确的方式处理好校园暴力。

阿哲是一个性格比较暴躁的人，他在学校很少说话，但只要有人和他意见不合，他就会用武力解决。这让同学们都远离他，不愿意和他交往。因此，阿哲成了班级里的"独行侠"。

有一天下课的时候，阿哲和一个同学起了争执，他拿起削铅笔的壁纸刀就对着同学挥舞起来，在同学的衣服上划了一道长长的口子。发生这件事情之后，班主任马上联系了阿哲的父母说明情况，父母意识到用刀子伤人是非常严重的事情，当即把阿哲带回家里进行教育。

近些年来校园暴力时有发生，青春期男孩原本就处于情绪冲动的阶段，当遇到强烈的刺激时，他们很容易做出过激的行为。要想避免暴力，男孩就要保持情绪的冷静，在发生问题的时候第一时间思考如何正确解决问题，而不是使用暴力解决问题。

如果受到其他同学的暴力侵犯，青春期男孩不要一味地忍气吞声，因为一味地忍让，只会导致施暴者变本加厉，让自己受到更多的伤害。当被施暴者伤害的时候，青春期男孩第一时间就要把受到伤害的事情告诉老师和父母，从而寻求有效的帮助，正确应对施暴者。

通常情况下，校园暴力的对象都是胆小怯懦的孩子，他们相对处于弱势。当身为受害者时，孩子一定要保持正确的思想，要知道胳膊拧不过大腿的道理，不要与施暴者正面冲突，而是要以合理的方式寻求自我保护，从而集合各个方面的力量对抗施暴者。此外，孩子如果被敲诈勒索，也不要一味地忍让，而应该寻求法律的保护。总而言之，不要任由施暴者为所欲为，而应该采取有效的方式解决问题。

育儿感悟

青春期男孩既不要成为施暴者，也不要成为受害者，而应该以合理的方式去解决问题。营造良好的校园环境，有利于青春期男孩的健康成长。

追星没有错，但不能过度痴迷

现代社会，有很多青春期男孩都喜欢追星，因为他们看着明星在屏幕上塑造出来的各种鲜明生动的形象，很容易对明星产生错觉，误以为明星所扮演的形象就是明星本人，所以对明星产生了不切实际的崇拜。还有很多男孩喜欢明星光鲜亮丽的生活，梦想着自己也能够成为一个明星，因此明星成了他们的偶像，也成了他们努力奋斗的目标，更是他们不切实际的梦想。

其实，青少年如果能够崇拜历史上大名鼎鼎的伟人，也许会从伟人身上学习到很多优秀的品质，但是若青少年过度迷恋明星，就会导致自己的身心发展扭曲，甚至患上严重的心理疾病。青春期孩子的追星行为有时会过于激进跟偏执，父母要加以引导。

男孩一定要意识到，明星也是人，也是非常接地气的，虽然他们在屏幕上看起来高高在上、光鲜亮丽，但是他们同样有着自己的烦恼，也常常会感到困惑和无助。了解了这一点，男孩就会更加客观全面地认识明星，并做到适度追星。

要想避免追星给孩子的成长带来的负面影响，家长要引导男孩学习明星身上的优点。也许男孩会说，明星的优点那么高不可及，我怎么可能学习得到呢？其实不然，明星也是普通人，也是既有优点，也有缺点的。如果男孩更加看重明星的优点，也愿意向明星学习，那么他们就能从明星身上汲取积极的力量。

其实追星本身是一种正常的行为，因为男孩正处于青春期，他们对于那些成功的人产生崇拜的心理是很正常的。但男孩追求明星一定要有合适的限度，而不能因为追星扰乱自己正常的生活和学习的秩序。

因为总是能够从爸爸妈妈那里得到很多的零花钱，所以周凯渐渐养成了追星的习惯。他会购买喜欢的明星的演唱会门票。有一次，周凯听说喜欢的明星要在广东开演唱会，居然买了飞机票从北京飞到广东，听完演唱会之后又从广东飞回北京。不得不说，这样狂热的追星行为严重地影响了周凯的学习，导致他的学习成绩雪上加霜。

后来，爸爸妈妈知道周凯的情况就不再给周凯那么多零花钱，而是要求周凯专心致志地学习，争取将来能考上一所比较好的大学。然而，周凯一听到他喜欢的明星要在某个地方开演唱会，根本没有办法静下心来学习，他得不到爸爸妈妈的钱，就想方设法从爸爸妈妈那里偷钱。有一次，为了去现场听明星的演唱会，他居然把爸爸的一块名表偷偷地卖掉了。爸爸知道真相之后非常生气，但是周凯就像病入膏肓的人一样，对于喜欢的明星没有丝毫的抵抗力，有的时候甚至在睡梦中都会大声地喊出明星的名字。

像周凯一样，如果追星成为一种狂热的行为，青春期男孩的成长就会面临很大的危机。男孩要想让自己以后拥有更加充实精彩的生活，就一定要积极努力，不要再盲目地追星，更不要因为追星而导致学业发展受到阻碍。与其把宝贵的时间用于追星，还不如努力成长和进步，这比追星更有意义。

育儿感悟

　　追星没有错，如果能够学习明星身上的优点，你就能获得好的成长动力，但是如果因为盲目追星而放下学习，甚至导致学习一落千丈，那无疑是得不偿失的。所以你一定要端正追星的态度，怀着远观的态度欣赏明星，而不是盲目陷入对明星的狂热追捧之中。